coma o
biscoito
...compre os
sapatos

JOYCE MEYER

coma o biscoito ...compre os sapatos

PERMITA-SE RELAXAR E APROVEITAR A VIDA

BELLO
PUBLICAÇÕES

BELO HORIZONTE

Edição publicada mediante acordo com FaithWords, New York, New York. Todos os direitos reservados.

Diretor
Lester Bello

Autor
Joyce Meyer

Título Original
Eat the cookie - buy the shoes:
Giving yourself permission to lighten up

Tradução
Maria Lucia Godde / Idiomas & Cia

Revisão
Idiomas & Cia

Diagramação
Julio Fado
Ronald Machado (Direção de arte)

Design capa (adaptação)
Fernando Rezende
Ronald Machado (Direção de arte)

Impressão e Acabamento
Premiumgraf Serviços Gráficos

Rua Vera Lúcia Pereira, 122
Bairro Goiânia - CEP 31.950-060
Belo Horizonte/MG - Brasil
contato@bellopublicacoes.com
www.bellopublicacoes.com.br

© 2010 por Joyce Meyer
Copyright desta edição
FaithWords
Hachette Book Group
New York, NY

Publicado pela
Bello Comércio e Publicações Ltda-ME
com a devida autorização de
Hachette Book Group e todos
os direitos reservados.

Primeira Edição – Julho 2010
4.ª Reimpressão – Novembro 2014

Dados Internacionais de Catalogação na Publicação (CIP)

Meyer, Joyce
M612   Coma o biscoito... compre os sapatos:
permita-se relaxar e aproveitar a vida /
Joyce Meyer; tradução de Maria Lúcia
Godde / Idiomas & Cia. – Belo Horizonte:
Bello Publicações, 2014.
200p.

Título original: Eat the cookie... buy the
shoes: giving yourself permission to lighten
up.

ISBN: 978-85-61721-58-9

1. Auto-realização – Aspectos religiosos.
I. Título.

CDD: 234.2
CDU: 230.112

Índice

O Biscoito

Era sábado à tarde em St. Louis, Missouri, e celebrávamos a nossa convenção anual de mulheres de outono. Naquele momento, estávamos no intervalo para o almoço antes da reunião final da conferência. Este é um dos eventos mais expressivos que o nosso ministério patrocina. Ele reúne milhares de mulheres de todo o mundo, exigindo uma enorme quantidade de trabalho árduo, criatividade e preparo. A conferência de três dias começa na quinta-feira à tarde, e por volta do intervalo para almoço do sábado costumo estar mentalmente, fisicamente e emocionalmente cansada. Este evento em especial parece exigir muito de mim por várias razões. Quando estamos nos aproximando da última reunião, sinto uma enorme carga de responsabilidade por garantir que a conferência termine de um modo que deixe nossa audiência cheia de energia e muito feliz por ter comparecido.

Havíamos desfrutado de um pequeno almoço, e eu estava reunindo todas as minhas forças enquanto me preparava para subir à plataforma e conduzir a conferência a um final fantástico. Dave e eu estávamos saindo do restaurante quando vi um prato de biscoitos com raspas de chocolate pelo qual havia passado quando estava me servindo no buffet. Ao vê-los desta vez, pensei: "Eu realmente quero (preciso) de um pedacinho de um daqueles biscoitos". Parei perto da mesa, quebrei cerca de um terço de um dos biscoitos e o comi. Enquanto nos dirigíamos para a plataforma, Dave perguntou: "Você acaba de comer um pedaço daquele biscoito?" O tom de voz dele era acusador e eu logo fiquei na defensiva. Tive vontade de dizer: "Fique frio... é só um pedaço de biscoito!".

Talvez você se pergunte por que Dave se importou com um terço de um biscoito. Havíamos nos matriculado recentemente em uma academia, nove meses antes da conferência. Fazíamos exercícios três vezes por semana e nos comprometemos em manter um plano de alimentação especial bastante rígido. Durante quatro dias da semana, comíamos principalmente proteínas e vegetais. O quinto dia era chamado de "dia livre" porque podíamos comer uma refeição composta de qualquer coisa que quiséssemos. Geralmente naquele dia comíamos massas e/ou uma sobremesa. Tínhamos liberdade para comer qualquer coisa que quiséssemos durante aquela refeição, desde que voltássemos ao nosso plano de alimentação no dia seguinte. O nosso dia livre para aquela semana era o dia seguinte, e Dave havia me questionado porque eu havia comido o pedaço de biscoito no dia errado.

Nas palavras dele, ele estava apenas tentando me ajudar. Mas eu não queria nenhuma ajuda ou conselho. Eu queria o biscoito! Eu estava cansada, havia trabalhado muito na conferência e precisava de alguma coisa que me levasse até a linha de chegada. Não importava o que fosse, mas tinha de ser algo divertido, bonito, ou doce. E acontece que o biscoito foi a primeira coisa que vi que se encaixava nessa descrição. Sendo homem, Dave não entende este tipo de coisa. Ele tem uma mente muito lógica, simplesmente aquele não era o dia certo para comer o biscoito. Ele queria que eu soubesse que me arrependeria muito depois de comê-lo. No entanto, não me arrependi nem um pouco. Sentia que merecia aquele biscoito, e se estivesse na mesma situação novamente, repetiria a dose!

Minha amiga notou o que estava acontecendo entre Dave e eu, e, por compaixão e compreensão, colocou o braço ao redor dos meus ombros e disse: "Você merece aquele biscoito, e se eu fosse você, quando esta última reunião terminar, compraria um par de sapatos também!" (Ela sabe que gosto de sapatos). Minha amiga entendeu perfeitamente que aquele biscoito estava suprindo uma necessidade emocional em mim. Por ser homem e usar mais o lado esquerdo do cérebro, Dave não entendeu o X da questão.

Subi na plataforma e fiz uma brincadeira com o assunto, como sempre faço com a maior parte das coisas que acontecem entre Dave e eu, e todos gostaram muito. Na verdade, as mulheres aplaudiram por tanto tempo e com tanta força, e ficaram tão felizes por mim por eu ter comido o biscoito, que comecei a perceber que havia muito mais coisas envolvidas em comer aquele biscoito, uma questão maior que precisava ser explorada. Foi assim que nasceu a ideia deste livro. O mais interessante é que quando a lição sobre o biscoito foi ao ar no programa *Desfrutando a Vida Diária,* ela foi tão bem recebida que foi votada como o programa favorito do ano pelas pessoas que assistem à transmissão. Estava claro que eu havia atingido um ponto chave.

Há momentos em que todos nós precisamos comer o biscoito e comprar os sapatos para conseguirmos terminar o que começamos, ou como uma forma de celebrar algo que realizamos. Os seus *biscoitos* e *sapatos* podem ser qualquer coisa de que você goste. Pode ser uma comida favorita, um cochilo, sair para fazer as unhas das mãos ou dos pés. Se você é um corajoso homem que está lendo este livro, para você pode ser jogar golfe, ir pescar, assistir a um jogo de futebol, ou fazer qualquer coisa que o ajude a descansar ou que o faça sentir-se renovado. Você pode até ser um homem que gosta de fazer as unhas das mãos, dos pés, tomar banhos de espuma; ou pode ser uma mulher que gosta de pegar ferramentas e construir alguma coisa impressionante. Não temos de nos encaixar nos moldes da sociedade. Somos livres para gostar de qualquer coisa, desde que não seja imoral ou ilegal.

Eu gostaria sinceramente que a espécie masculina fosse mais compreensiva com relação aos biscoitos da vida, mas a maioria deles simplesmente parece não entender. Dave pretendia sem dúvida alguma sair para dar algumas tacadas em suas bolas de golfe no sábado à noite, que é a sua maneira de relaxar e de comemorar um trabalho bem feito. Mas, mesmo assim, ele teve a coragem de comentar sobre o meu biscoito! Não é justo que biscoitos tenham calorias e bolas de golfe não! Se cada bola de golfe que Dave acertou tivesse 10 calorias, ele pesaria quinhentos quilos!

Dave estava realmente tentando me ajudar quando comentou sobre o biscoito. Ele me ama imensamente e é extremamente bom para mim. Porém, ele simplesmente não entendeu a minha necessidade naquele momento. Infelizmente, se não formos confiantes com relação às nossas escolhas, podemos permitir que os comentários das pessoas nos façam sentir culpados e arruínem a alegria que precisamos experimentar na vida fazendo as pequenas coisas que significam muito para nós. Minha amiga salvou-me da culpa que poderia ter me assombrado naquele dia, e sou grata a Deus por usá-la. Eu não precisava de um sentimento de culpa naquele momento tão próximo da última reunião do congresso. Eu precisava do biscoito e de pensar nos sapatos que compraria mais tarde, no fim daquele dia!

Infelizmente, se não formos confiantes com relação às nossas escolhas, podemos permitir que os comentários das pessoas nos façam sentir culpados e arruínem a alegria que precisamos experimentar na vida fazendo as pequenas coisas que significam muito para nós.

Não Fomos Feitos para Sentir Culpa

Fazer as pessoas sentirem culpa por qualquer coisa não é o modo de agir de Deus. A fonte da culpa é o diabo. De acordo com a Bíblia, é ele o acusador dos irmãos (ver Apocalipse 12:10). Deus nos convence de nossas escolhas e atitudes erradas, mas Ele nunca tenta fazer com que nos sintamos culpados. A culpa nos puxa para baixo e nos enfraquece, mas a convicção divina nos traz consciência do que é errado, dando-nos a oportunidade para mudar e progredir.

Não fomos feitos para sentir culpa. Deus nunca pretendeu que Seus filhos ficassem sobrecarregados pela culpa, tanto é que a nossa constituição humana não lida nada bem com ela. Se Deus quisesse que nos sentíssemos culpados, Ele não teria enviado Jesus para nos redimir da culpa. Ele levou e pagou pelas nossas iniquidades e pela culpa que elas geram (Ver Isaías 53:6 e 1 Pedro 2:24-25). Na qualidade de crentes em Jesus Cristo, e como filhos e filhas de Deus, fomos libertos do poder do pecado (ver Romanos 6:6-10). Isso não quer dizer que nunca vamos pecar, mas significa que quando pecamos, podemos admiti-lo, receber o perdão e ficar livres dele. A nossa jornada com Deus em direção a um comportamento correto e à santidade é progressiva, e se tivermos de carregar a culpa dos erros passados conosco jamais avançaremos para a verdadeira liberdade e alegria. Talvez este seja o principal motivo pelo qual um número tão pequeno de pessoas realmente entra na herança prometida através do relacionamento com Jesus Cristo e desfruta dela.

Não fomos feitos para sentir culpa.

O seu futuro não tem lugar para o seu passado. Quanto tempo você perde se sentindo culpado? É importante que você pense nisto, porque perder tempo pensando nos erros passados é algo que Deus nos disse para não fazer. Ele até nos enviou o Seu Espírito Santo para nos ajudar a adquirir a liberdade nesta área. Não seja tão inflexível com cada erro que você comete. E daí se você não é perfeito? Ninguém é. Além do mais, Jesus veio para os enfermos (imperfeitos) e não para os que estavam sãos (perfeitos).

O seu futuro não tem lugar para o seu passado. Quanto tempo você perde se sentindo culpado?

O apóstolo Paulo foi muito enfático com relação à necessidade de deixarmos os erros passados para trás, a fim de termos a força para prosseguir em direção ao alvo da perfeição ao qual Deus está nos chamando.

> Não que eu já tenha obtido tudo isso ou tenha sido aperfeiçoado, mas prossigo para alcançá-lo, pois para isso também fui alcançado por Cristo Jesus. Irmãos, não penso que eu mesmo já o tenha alcançado, mas uma coisa faço: esquecendo-me das coisas que ficaram para trás e avançando para as que estão adiante, prossigo para o alvo, a fim de ganhar o prêmio do chamado celestial de Deus em Cristo Jesus.
>
> Filipenses 3:12-14

Definitivamente, Satanás tentará fazer com que nos sintamos culpados pelos nossos pecados, erros e fraquezas. E o que é pior, ele tentará fazer com que nos sintamos culpados quando não fizemos nada de errado. Até minha amiga me encorajar, eu estava quase me sentindo culpada por ter comido um terço de um biscoito com raspas de chocolate no dia errado! Não havia pecado em comer o biscoito. Poderíamos comer uma dúzia de biscoitos e ainda assim não seria pecado no sentido real da palavra. Eu só precisava de uma pequena celebração antes de chegar ao final da conferência, e o que quase consegui foi uma dose de culpa, frustração e ressentimento – tudo por causa de uma colher de chá de massa para biscoitos!

Conversei com muitas pessoas ao pesquisar sobre este assunto, e descobri que a maioria delas se sente culpada quando aproveita uma oportunidade para celebrar. Elas se obrigam a seguir em frente sem nenhum combustível de alegria no tanque. A alegria é o combustível que precisamos para chegar à reta final de um empreendimento com uma boa disposição. Podemos nos obrigar a seguir em frente até o fim, mas em algum momento no meio do caminho provavelmente ficaremos amargos e com o pavio curto se não relaxarmos e desacelerarmos para celebrar o percurso.

Creio que devemos confrontar os motivos pelos quais temos a tendência de nos sentir culpados por desfrutar e celebrar a vida quando Deus ordenou claramente que fizéssemos essas duas coisas. O nosso raciocínio foi distorcido nestas áreas. Satanás conseguiu nos enganar, e ao fazer isso ele tem êxito em manter as pessoas exaustas e esgotadas, sentindo-se ressentidas e acreditando que estão tirando vantagem delas por causa do trabalho e da responsabilidade excessivos. Precisamos ter momentos de refrigério e recreação tanto quanto de trabalho e realizações.

Quando pergunto a grandes plateias quantas pessoas se sentem culpadas quando tentam descansar ou se distrair, ou até mesmo fazer as coisas que gostam, vejo que pelo menos oitenta por cento das pessoas levantam as mãos. Eu era parte desses 80 por cento até que decidi que não fui feita para sentir culpa, e que não ia continuar permitindo que um sentimento traiçoeiro governasse minha vida.

Quando pergunto a grandes plateias quantas pessoas se sentem culpadas quando tentam descansar ou se distrair, ou até mesmo fazer as coisas que gostam, vejo que pelo menos oitenta por cento das pessoas levantam as mãos.

Estudei a Palavra de Deus com relação à culpa e estudei o caráter e a natureza de Deus até me convencer totalmente de que *Deus não é a fonte da nossa culpa.* Vejo a culpa como um estrangeiro ilegal que ataca a nossa mente e a nossa consciência, tentando nos impedir de desfrutar qualquer coisa que Deus preparou para nós. A culpa não tem direito legal em nossas vidas porque Jesus pagou o preço dos nossos pecados e erros. Se ela está em nós ilegalmente, então precisamos mandá-la de volta para o lugar de onde veio – que é o inferno! Não dê um "green card" à culpa, ou pior, não dê a ela a cidadania permitindo que ela fixe residência em você.

Já fui viciada em sentir culpa. O único momento na vida em que eu me sentia bem era quando me sentia mal. Tinha dificuldade em especial em apreciar a mim mesma, porque não sentia que merecia isso. Definitivamente, era uma pessoa que precisava me permitir relaxar e não ser tão enérgica com relação a praticamente tudo na vida. Eu era enérgica quanto ao modo como meus filhos se comportavam e quanto à aparência deles. Eu era enérgica quanto à aparência de minha casa, quanto à minha aparência, e quanto ao que as pessoas pensavam a nosso respeito. Eu era enérgica quanto a tentar mudar meu marido e transformá-lo no que eu achava que ele devia ser. Realmente não consigo pensar em nada com que eu não fosse enérgica! Lembro-me de ir ao médico certa vez porque estava exausta o tempo todo e geralmente me sentia péssima. Ele conversou comigo por cinco minutos e disse: "Você é uma mulher muito enérgica e o seu problema é o estresse!" Fiquei ofendida, saí do consultório, e continuei com o meu estilo de vida enérgico e estressado.

Eu não sabia como confiar em Deus em relação à minha vida diária. Estava desequilibrada em quase tudo e ainda não havia percebido que a celebração e o prazer são necessários em nossas vidas e que não podemos ser saudáveis espiritualmente, mentalmente, emocionalmente ou fisicamente sem essas coisas. Precisamos nos lembrar de que não fomos feitos para sentir culpa, e devemos lidar com ela com determinação a qualquer momento em que a sintamos.

O melhor presente que você pode dar à sua família e ao mundo é um *você* saudável, e você não pode ser saudável sem que a celebração faça parte regular de sua vida. Você pode mudar toda a atmosfera de sua casa simplesmente permitindo-se relaxar e desfrutar a vida!

Feliz Aniversário

Quero ajudá-lo a enxergar todos os motivos que você tem para celebrar. Vamos começar com o seu aniversário. O dia em que você nasceu foi um dia maravilhoso, e cada aniversário que marca esse dia deve ser comemorado. Acabamos de comemorar o primeiro aniversário de nosso neto mais novo, e a casa estava cheia de gente, presentes e comida. Ele não deu a mínima, mas nós nos divertimos muito! Parece que sempre consideramos uma grande coisa o primeiro aniversário de um filho, mas à medida que os anos passam deixamos de achar que isso é importante.

Quando a maioria das pessoas chega aos trinta anos, diz coisas do tipo "É só mais um dia e eu só estou um ano mais velho". "Não preciso de festas, e não se preocupe em me dar um presente. É só mais um dia". Passei o dia da maior parte dos meus aniversários de adulta trabalhando. O escritório marcava uma conferência sem perceber que era meu aniversário e eu aprovava dizendo: "Ah, bem, é só mais um aniversário". As pessoas que me amam me enviavam cartões e presentes, e alguém geralmente me convidava para sair para jantar se eu estivesse na cidade ou quando retornasse. Mas eu não tinha o espírito da celebração em meu coração. No que me dizia respeito, eu só havia ficado um ano mais velha. Chegava a dizer coisas do tipo: "Quando se chega à minha idade, um ano a mais não importa". A minha atitude estava errada, e sinto muito por ter perdido tantas oportunidades de celebrar mais um ano de vida.

Quando pensamos seriamente no que o Salmista Davi disse sobre o nosso nascimento, percebemos que precisamos celebrar a impressionante obra que Deus fez quando nos criou.

> Tu criaste o íntimo do meu ser e me teceste no ventre de minha
> mãe. Eu Te louvo porque me fizeste de modo especial e admirável.
> Tuas obras são maravilhosas! Digo isso com convicção.
>
> SALMOS 139:13-14

Talvez parte do motivo pelo qual não sentimos necessidade de celebrar é porque nos falta o entendimento do quanto somos realmente impressionantes. Davi disse que tinha convicção em seu interior de que a obra que Deus havia feito era impressionante, muito além da compreensão humana. Vamos dar uma olhada na forma como a versão *The Message* traduz esses versículos:

> Oh, sim, Tu me formaste primeiro no interior, e depois no exterior;
> tu me formaste no ventre de minha mãe. Eu Te agradeço, o
> Altíssimo Deus – Tu és de tirar o fôlego! Corpo e alma, sou feito de
> forma maravilhosa! Eu Te louvo em adoração – que criação!
>
> SALMOS 139:13-14, TM

Se pudéssemos nos ver do ponto de vista de Deus, veríamos que temos um enorme motivo para celebrar o aniversário do nosso nascimento. Se um ano de vida vale a pena ser celebrado com a animação que tivemos no aniversário recente do nosso neto, então muito mais devemos comemorar à medida que ficamos mais velhos. Por que não comemorar o fato de que Deus manteve o nosso coração batendo por mais um ano na quantidade impressionante de trinta e oito milhões de batidas por ano? O sangue circula pelo seu corpo uma vez a cada sessenta segundos, e isso é realmente impressionante se considerarmos que você tem cerca de cinquenta mil quilômetros de vasos sanguíneos em seu corpo. Isso significa que o seu coração bombeou o seu sangue por todos esses quilômetros de vasos 525.600 vezes no ano passado!

Os nossos corpos são veículos impressionantes. Ouço meu marido e meus filhos falarem maravilhados sobre um carro novo que eles admiram, no entanto nossos corpos são infinitamente mais bem ajustados e brilhantemente projetados do que qualquer automóvel que já foi construído. Acabo de completar meus sessenta e seis anos, e graças à minha nova compreensão da importância da celebração, saí para comemorar. Decidi ter um dia de aniversário em vez de um dia comum, e posso dizer sinceramente que foi o melhor aniversário de que consigo me lembrar. Isso aconteceu principalmente devido à minha atitude de celebração. Percebi que comemorar outro ano de vida como um presente de Deus era uma maneira de honrá-lo. Quando eu tinha sessenta anos, minha família fez uma festa enorme e maravilhosa. Mas este aniversário foi ainda melhor, porque realmente comemorei de todo meu coração.

De qualquer forma, estava devendo a mim mesma algum tipo de comemoração. Estivéramos envolvidos em varias situações trágicas com pessoas que conhecemos e amamos. Eu estava esgotada. Ainda por cima, estava atrasada em meu planejamento de livros a serem escritos por causa do tempo que dedicara escrevendo um projeto inesperado, e precisava recomeçar imediatamente a escrever este livro. Meu aniversário aconteceu nesse período e usei-o como uma desculpa para festejar, relaxar, comprar roupas novas, comer, passar algum tempo com as pessoas que amo e presentear outras. Todas essas coisas muito naturais me ajudaram a me recuperar dos trágicos acontecimentos que havia acabado de enfrentar e da carga de trabalho extra, e me ajudaram a me preparar para o próximo projeto ao qual eu precisava me dedicar.

Tentei me sentar e começar este livro sem separar um tempo para comemorar, e a única coisa que eu conseguia pensar em dizer era "Introdução"! Coloquei esta palavra no topo da página e não conseguia pensar em nada para dizer depois disso. Precisava de um tempo para me renovar através da celebração, antes que a criatividade pudesse fluir novamente. Decidi tirar uma semana de aniversário, e durante cinco dias fiz coisas que eu gostava de fazer. Evitei todos os problemas e me certifiquei de que não ficaria perto de pessoas que são um desafio de convivência para mim. Assim, aproveitei o tempo para desfrutar intensamente de tudo que fazia. Depois de dois dias de celebração, tentei novamente escrever uma frase. Depois dessa frase nada mais vinha à minha mente. Olhei mais uma vez para a página em branco no computador, e decidi celebrar por mais alguns dias! Por volta do quinto dia, pude sentir em minha alma que alguma coisa havia mudado e que estava pronta para trabalhar novamente. Hoje comecei às seis da manhã e estou escrevendo há quatro horas. E estou apreciando cada momento.

Sinto-me pronta para trabalhar e ser criativa; na verdade, quero trabalhar! Se tivesse negado a mim mesma aquele tempo de celebração, como fiz por tantos anos, estaria me sentindo frustrada, ressentida e esgotada, pensando em "como eu trabalhava o tempo todo enquanto as outras pessoas se divertiam".

Estou certa de que a maioria das mulheres que estão lendo este livro muitas vezes sentiram que fazem todo o trabalho sozinhas, que ninguém as admira, e que seus maridos e filhos aproveitam a vida sem nem sequer perceberem o quanto vocês se sacrificam. Isso geralmente é chamado de "síndrome de mártir", e fui vítima dela durante pelo menos metade da minha vida. Mas a resposta para o problema não está em alguém fazer alguma coisa para você, embora isso ajude. A verdadeira resposta é aprender a celebrar o seu próprio progresso para ter forças para iniciar o próximo sem ressentimento. Gosto quando as pessoas fazem coisas para mim ou me incentivam, mas decidi que se elas não se lembrarem disso, eu mesma lembrarei!

Celebre o Comum

Nem todo dia pode ser um aniversário, e este pode ser um dia muito comum para você. Talvez você tenha acabado de fazer uma faxina geral, e a qualquer momento antes do final da semana você precise visitar sua mãe na casa de repouso, levá-la a uma consulta médica, ir ao mercado, participar de uma reunião de pais e alunos, levar o pequeno Joãozinho ao treino de futebol, e assistir ao jogo de futebol de seu marido na sexta-feira à noite para mostrar a ele que você é uma boa esposa e que se interessa por ele. Minha sugestão para evitar a amargura, o ressentimento, e talvez um leve ataque de nervos é que você dê um tempo entre a faxina geral e todas as outras coisas de sua programação e faça alguma coisa que realmente gosta e que possa ser chamada de celebração. A primeira coisa que sua mente vai dizer é: "Você não tem tempo para isso". Mas estou lhe dizendo que você precisa dar um tempo. E se fizer isso, o restante de suas tarefas acontecerá de uma forma mais alegre e suave. Se não tirar um tempo para recarregar suas baterias, você provavelmente estará fadada a ser vítima de algum tipo de emoção negativa – desânimo, depressão, desespero, ira, ressentimento, ou autocomiseração. Quando você começar a se sentir para baixo, simplesmente separe um tempo para fazer alguma coisa que a coloque "para cima", que levante o seu ânimo e a ajude a se sentir melhor com a vida em geral.

Limpar a casa é algo comum, mas conseguir terminar o serviço é algo que pode ser comemorado. Talvez pudéssemos apreciar mais a vida comum do dia a dia se aprendêssemos a celebrar o que é comum. Estou realmente convidando você para encontrar, com criatividade, motivos para celebrar. Nem sempre podemos comemorar durante dias seguidos, como fiz no meu aniversário, mas até as pequenas celebrações podem nos revigorar. Coma um biscoito, compre um par de sapatos, vá almoçar com uma amiga, sente-se ao sol, dê um passeio, ou coloque uma colher de creme no seu café. Separe um tempo para fazer qualquer coisa que seja especial para você. Não precisa tomar muito tempo, mas é necessário para ter a alegria restaurada e manter uma boa disposição.

Normalmente ficamos entediados com o exagero das coisas comuns em nossa vida, mas estou convencida que isso é nossa culpa. Não precisamos esperar que algo de bom aconteça conosco, podemos ser determinados e fazer algo de bom para nós mesmos. Para muitos de vocês, sei que este é um pensamento novo; um pensamento que pode parecer estranho e até anti-espiritual. Mas posso lhe garantir que ele é parte do plano de Deus. Você pode criar uma variedade, e ela manterá a sua vida mais empolgante. Sentei-me com meu laptop no colo por cerca de quatro horas esta manhã e depois parei por algum tempo para fazer outras coisas de que precisava. Quando voltei a escrever, decidi sentar-me em outra parte da casa apenas para variar. Escolhi um lugar de onde podia olhar pela janela e onde havia muita luz. Coisas pequenas e simples como esta não custam nada, mas são muito valiosas.

Não precisamos esperar que algo de bom aconteça conosco, podemos ser determinados e fazer algo de bom para nós mesmos.

Nenhum dia precisa ser comum se percebermos o presente que Deus está nos dando quando nos dá um novo dia. Uma disposição extraordinária pode transformar rapidamente um dia comum em uma aventura impressionante. Jesus disse que veio para que tivéssemos vida e a desfrutássemos (ver João 10:10). Se nos recusarmos a desfrutar a vida, nesse caso a culpa não é de ninguém a não ser nossa. Eu gostaria de sugerir que você assuma a responsabilidade pela sua alegria e nunca mais dê a qualquer outra pessoa a função de mantê-lo feliz. Você pode controlar o que faz, mas não pode controlar o que as outras pessoas fazem. Assim, você pode acabar ficando infeliz na maior parte do tempo se depender somente delas como a sua fonte de alegria. O Salmista Davi disse que ele se animava no Senhor, e se ele podia fazer isso, então nós também podemos.

Salomão falou em celebração quando disse:

> Assim, descobri que, para o homem, o melhor e o que mais vale a pena é comer, beber, e desfrutar o resultado de todo o esforço que se faz debaixo do sol durante os poucos dias de vida que Deus lhe dá, pois essa é a sua recompensa.
>
> ECLESIASTES 5:18

Com base nesse versículo, percebo que o biscoito foi a minha recompensa naquela tarde de sábado em 2007 na nossa conferência. Ele me ajudou a desfrutar o meu esforço, e desde então aprendi muito sobre a arte da celebração. Lamento muito por ter vivido tanto tempo sem ela, mas estou totalmente comprometida em passar o resto da minha vida compensando o tempo perdido!

Cada dia vale a pena ser celebrado, mas principalmente o dia do seu aniversário. Vá em frente e não hesite. Deus lhe deu mais um ano para fazer coisas comuns e extraordinárias, e se você não comemorar estará enganando a si mesmo.

Você Merece uma Pequena Extravagância

A Bíblia nos ensina a ser prudentes, e isso significa ser bons administradores de todos os nossos recursos. No entanto, há momentos em que Deus passa a ser um tanto extravagante com aqueles a quem ama. Às vezes, em um esforço para não nos tornarmos esbanjadores, podemos acabar nos tornando extremamente mesquinhos e sovinas. Algumas pessoas são especialmente mesquinhas consigo mesmas. Conheço pessoas que são generosas com os outros, mas sua atitude geral para consigo mesmas é pensar que podem passar sem quase tudo. Elas dizem "Não preciso disto", ou "Posso passar sem isto". Mas creio que elas estão se privando porque não acham que valem o preço daquela gratificação.

Talvez possamos aprender uma lição com Jesus. Ele estava se aproximando do momento de Seu sofrimento e morte quando foi à casa de Simão, onde uma mulher chamada Maria foi até Ele e derramou o caro perfume sobre Sua cabeça quando Jesus estava reclinado à mesa. Como estava à mesa, suponho que Jesus estava comendo ou que havia comido (talvez um biscoito). Quando os discípulos viram o que a mulher fez, ficaram indignados, dizendo: "Qual o propósito de todo esse desperdício?" Eles falaram sobre como o perfume poderia ter sido vendido e o dinheiro dado aos pobres.

Jesus respondeu dizendo a eles que não incomodassem a mulher, porque ela havia feito uma coisa nobre (bela e digna de louvor) para com Ele. Jesus disse que eles sempre teriam os pobres com eles, mas que nem sempre O teriam. Ele disse que o que aquela mulher fizera havia ajudado a prepará-lo para as provações que viriam (ver Mateus 26:6-12). O perfume que ela derramou sobre Jesus valia provavelmente cerca de um ano de salário, mas sua extravagância O abençoou. O amor que ela demonstrou a Jesus ajudou a lhe dar a força que Ele precisava para encarar os dias de perseguição, provação, sofrimento, crucificação e morte que viriam. Muitas vezes, Deus trabalha através de vasos improváveis e de formas incomuns para nos dar coragem e força. Um estudo mais aprofundado deste acontecimento impressionante nos ensina que a casa onde Jesus estava pertencia a um leproso, e a mulher que O abençoou havia sido liberta anteriormente de sete demônios. É interessante notar com quem Jesus escolheu passar um tempo nesse momento crítico de Sua vida: não foi com a multidão religiosa.

Neste caso em particular, Jesus estava dizendo que para aquele tempo e ocasião Ele merecia aquela extravagância – aquilo que os discípulos consideraram como um desperdício. Sabemos que o desperdício em circunstâncias comuns não seria bom, mas tudo é belo a seu tempo (ver Eclesiastes 3:11). Há tempo de procurar e tempo de desistir, tempo de guardar e tempo de jogar fora (ver Eclesiastes 3:6).

Jesus certamente acreditava que devemos dar aos pobres. Quando viajavam, Jesus e Seus discípulos guardavam dinheiro especificamente com o propósito de dar aos pobres que encontravam em sua jornada. Mas o legalismo religioso não dá lugar para sermos guiados pelo Espírito Santo. Tudo é controlado por regras, regulamentos e leis quando se é religiosamente legalista. Foi por isso que Jesus disse tantas coisas duras aos religiosos de Seu tempo. Esta também é a razão pela qual, quando quis relaxar com seus amigos, Jesus escolheu pessoas comuns que haviam cometido erros e queriam perdão, misericórdia e um modo de vida melhor.

Os discípulos olharam o que estava acontecendo com a mente e não com o coração, e deixaram passar o verdadeiro sentido daquele gesto. Maria havia sido perdoada de muitos pecados e amava muito Jesus. Ela O amava tanto que estava disposta a levar o que provavelmente era o seu bem mais precioso e derramá-lo sobre Ele como um ato de gratidão e adoração. A sua sincera demonstração de afeição tocou de forma tão profunda o coração de Jesus que Ele afirmou que aquele momento ajudou a prepará-lo para o Seu enterro. Toda esta história é realmente impressionante e contém uma lição maravilhosa se realmente a olharmos em profundidade.

Vendo do Ponto de Vista de Deus

É mais provável que vejamos do ponto de vista de Deus quando olhamos para as circunstâncias com os olhos do nosso coração. Os pobres certamente são importantes, mas naquele momento Jesus precisava ser preparado para um acontecimento que transformaria o mundo, e isso merecia um distanciamento do modo rotineiro de se fazer as coisas.

Quando o nosso ministério leva pessoas para o campo missionário pela primeira vez, elas costumam voltar para casa depois de verem tanta pobreza extrema achando que nunca mais devem comprar nada que não seja absolutamente necessário e vital, e que devem doar todas as demais coisas. Passamos pela mesma situação, mas logo percebemos que embora Deus estivesse nos pedindo para ajudar aos pobres, Ele não estava pedindo que nos tornássemos pobres. As pessoas que começam a se sentir culpadas depois de uma viagem missionária e passam a viver apenas com o básico para a sobrevivência, rapidamente se tornam infelizes – a não ser, é claro, que Deus tenha lhes dado uma graça especial para fazerem um sacrifício tão extraordinário. Elas não conseguem entender por que estão infelizes já que, afinal, estão fazendo algo nobre. Na verdade, o que elas estão fazendo é algo desnecessário e que Deus nunca lhes pediu para fazer.

Não podemos viver apenas trabalhando, sem nunca desfrutar do fruto do nosso trabalho. Isso não está no plano de Deus para os Seus filhos. Assim como não fomos feitos para sentir culpa, não fomos destinados por Deus para viver apenas com o suficiente para sobreviver. Ele é o El Shaddai, o Deus do mais que suficiente. Ele é Jeová Jireh, o nosso Provedor. Ele disse que é capaz de fazer infinitamente mais do que tudo o que podemos pedir, pensar ou imaginar (ver Efésios 3:20). Ele disse que se fôssemos fiéis em trazer todos os nossos dízimos à casa do tesouro para que haja sempre o suficiente para ajudar aos outros, Ele abriria as janelas do Céu e faria gotejar (opa, cometi um erro! Na verdade, Ele disse que DERRAMARIA) uma bênção tão grande que não conseguiríamos levá-la para casa (ver Malaquias 3:10).

Não podemos viver apenas trabalhando, sem nunca desfrutar do fruto do nosso trabalho. Isso não está no plano de Deus para os Seus filhos.

Certamente Deus deseja e até ordena que saibamos dar com generosidade. Mais adiante neste livro você verá que na Bíblia aprendemos que dar aos pobres faz parte de celebrarmos as nossas vitórias e os progressos que fizemos na vida. Porém, Deus nunca pretendeu que nos sentíssemos culpados por dedicarmos tempo para desfrutar do fruto do nosso trabalho. O trabalho árduo merece ser recompensado e jamais devemos pensar o contrário. Deus recompensa aqueles que O buscam diligentemente (Hebreus 11:6). Então, por que Ele não iria querer que desfrutássemos da recompensa das outras coisas pelas quais trabalhamos com diligência?

Naquela tarde de sábado do outono de 2007, o pedaço de biscoito que comi foi a recompensa pelo meu trabalho árduo até àquele momento da conferência. Ele foi para mim o que aquele doce perfume foi para Jesus. Ele me deu coragem para continuar o restante da jornada que ainda tinha pela frente. Ele representou um princípio com o qual, para ser sincera, um terço de biscoito teve muito pouco a ver. Portanto, não se prenda ao biscoito e não deixe a lição passar em branco. Você poderia começar a comer biscoitos três vezes ao dia e não conseguir nada a não ser engordar. O biscoito poderia muito bem ter sido um elogio vindo da pessoa certa, um abraço, um perfume, uma massagem no pescoço e nos ombros, ou um milhão de outras coisas, mas a questão é que eu precisava de um pequeno incentivo para mim e para minhas emoções. Todos nós temos necessidades emocionais, e ignorá-las gerará problemas sérios com o tempo. Deus nos deu as nossas emoções, e não é errado fazer o que é necessário para mantê-las fortes e saudáveis. Não devemos permitir que as emoções nos governem, mas negar que elas existem também é perigoso.

O biscoito não serviu para saciar minha fome. Eu poderia ter passado sem ele, e comê-lo provavelmente foi um desperdício de calorias − conheço uma nutricionista que diria que ele não tinha qualquer valor alimentício. Mas eu não me importei nem um pouco − EU QUERIA O BISCOITO E O COMI!

É Desperdício Comprar Mais Daquilo que Você já Possui?

Comprar mais de alguma coisa que você já possui pode ser um desperdício, e até mesmo um terreno fértil para problemas financeiros, mas há momentos em que esse comportamento é aceitável. A primeira coisa a perguntar a si mesmo é se você pode se dar ao luxo de comprar o que deseja. O que é desperdício para uma pessoa pode ser totalmente permitido para outra, dependendo do nível de rendimentos de cada uma. Uma maneira de definir *extravagância* é tentar viver de forma confortável além do que você pode pagar. Recomendo que você não compre ou coma coisas apenas por diversão ou encorajamento se não pode pagar por elas ou se isso afetará a sua vida de uma maneira geral.

A maioria das mulheres gosta de pequenas coisas como um sabonete cheiroso, um perfume, brincos, sapatos, uma blusa nova para usar, ou alguma coisa que seja bonita de se olhar. Precisamos de todas essas coisas? É claro que não, mas temos prazer nelas. E o prazer tem valor intrínseco. Precisamos apreciar a nossa jornada ao longo da vida. Meu marido adora ir a uma loja de equipamentos de golfe, e é claro que eu não consigo entender isso já que ele tem bolas de golfe, tacos, luvas, sapatos, chapéus e todo o equipamento necessário para jogar golfe. Mas ele adora fazer isso e geralmente sai levando alguma coisa, exatamente como eu faria se fosse a uma loja de acessórios femininos.

Jesus não morreu para que pudéssemos ser miseráveis e negarmos a nós mesmos todas as coisas de que gostamos ou que são bonitas. Ele disse que devemos negar a nós mesmos, mas estava falando sobre servir aos outros em vez de sermos egoístas e egocêntricos. Jesus não foi para a cruz porque compramos e usamos brincos ou outras joias, ou porque nos maquiamos para ir ao cinema ou para dançar ou sair com amigos. Ele teve de ir para a cruz por causa do ciúme, da ganância, da ira, da luxúria, da fofoca, da crítica, da mentira, do ódio, e de outros pecados semelhantes. Obviamente, haverá vezes em que será necessário e recomendável negar a nós mesmos aquilo que já temos em quantidade, mas temos a liberdade como indivíduos de sermos guiados pelo Espírito Santo.

Também creio que existem diferentes períodos em nossas vidas, durante os quais podemos precisar seguir diferentes diretrizes. Quando Deus estava me ensinando que eu precisava Dele mais do que de qualquer outra "coisa" na vida, Ele me disse para não pedir nada exceto "mais Dele", até que Ele me desse permissão para fazer isso. Este foi um período de autonegação em minha vida que durou seis meses e cujo propósito era me ensinar uma lição espiritual importante. Todos nós temos momentos como este e é importante sermos capazes de entrar e sair das diversas fases de nossa vida confortavelmente. Se eu tiver de comprar brincos e Dave tiver de ir à loja de golfe para nos sentirmos felizes, então temos um problema, mas se isto é algo que simplesmente nos dá prazer, então Deus nos dará liberdade para fazê-lo e até nos ajudará a encontrar o que procuramos.

Os mesmos discípulos que acharam que Maria estava sendo esbanjadora quando derramou o perfume sobre Jesus, argumentaram entre si a respeito de qual deles seria o maior. Eles viram e julgaram o presente de sacrifício de Maria como um desperdício, mas falharam em ver o seu próprio orgulho, a sua própria arrogância, e o seu espírito competitivo. Eles precisavam olhar para si mesmos e não para Maria, porque o pecado estava no orgulho deles, e não na generosidade dela.

Jesus tentou dizer a eles que precisavam limpar o interior do copo e do prato (ver Mateus 23:25) e não se preocupar tanto com o exterior, mas a maioria deles nunca entendeu o que Ele estava dizendo. Jesus queria que os discípulos compreendessem que não importava o quão perfeitamente se comportassem ou quantas leis e regras cumprissem, isso nada significava se o coração deles não tivesse a atitude correta. Eles nunca entenderam realmente que o importante não foi o perfume ou o preço dele, mas sim a disposição do coração de Maria, tão preciosa e encorajadora para Jesus. O perfume foi apenas o veículo que transportou o amor que ela sentia e demonstrou.

Uma lição importante que aprendi foi a de colocar todos os meus recursos disponíveis para o serviço a Deus e ao homem. Isso não significa que Deus irá exigir que eu entregue todos os meus recursos aos outros, mas que estou pronta para abrir mão deles se Deus me pedir para fazer isso. Ocasionalmente, Deus testará a nossa obediência e lealdade a Ele pedindo que entreguemos a alguém alguma coisa que significa muito para nós. Se formos capazes de obedecer-lhe prontamente e com alegria, isso mostrará que, embora possuamos as coisas, não somos escravos delas.

Jesus disse que as pessoas que possuem riquezas e estão presas a elas terão dificuldade em entrar no reino de Deus (ver Marcos 10:23). Ter não é o problema, mas não ser capaz de abrir mão do que temos sim. Seja um canal e permita que o que vier até você, flua através de você.

Deus é um Decorador Magnífico

Você já prestou atenção em como o templo de Deus era decorado no período da Velha Aliança? Ele era bonito e ornamentado, então concluímos que Deus deve gostar de coisas bonitas. Ele foi construído com a melhor madeira disponível e tudo – e quero dizer absolutamente tudo – era recoberto com ouro. A casa de Deus que Salomão construiu para honrá-lo era cheia de ouro, prata, tecidos caros e todo tipo de joias preciosas conhecidas pelo homem. Ele foi construído com o melhor dos melhores.

O que lemos sobre o Céu também parece muito impressionante. Ruas de ouro, um mar de cristal, e um portão feito de uma única pérola. Sou uma pessoa que gosta de roupas bonitas, por isso notei como os sacerdotes do Antigo Testamento se vestiam – e eles se enfeitavam de forma luxuosa. O que estou tentando provar é que Deus gosta de coisas bonitas, e que não há nada de errado em gostarmos delas também. Uma pessoa que assistiu a uma de minhas conferências enviou-me uma carta reclamando pelo fato de eu usar brincos de zircônio. Ela achou que os brincos brilhavam demais, e eu não pude deixar de imaginar como essa pessoa se sentiria se conseguisse chegar ao Céu e visse a maneira como Deus decora as coisas. Será que Ele foi esbanjador quando deu instruções para a decoração do templo? Estou certa de que Ele poderia ter cortado algumas coisas da lista e não ter sido tão extravagante. Certamente um pouco daquele ouro poderia ter sido dado aos pobres. Creio que precisamos entender que há momentos em que Deus é extravagante, mas isso não significa que Ele está sendo esbanjador. Nada é desperdiçado se for usado com o propósito certo, e abençoar a si mesmo às vezes é algo correto e necessário.

Nada é desperdiçado se for usado com o propósito certo, e abençoar a si mesmo às vezes é algo correto e necessário.

As pessoas religiosas geralmente dizem que o apóstolo Paulo afirmava que as mulheres não devem usar roupas ou joias caras, nem devem usar penteados elaborados. Alguns acrescentaram também a maquiagem à lista, mas não encontrei nenhuma referência à maquiagem na Bíblia. Eu, particularmente, preciso da minha maquiagem e também gostaria de recomendar seu uso a algumas pessoas. Se Deus não gostasse de cores Ele não as teria criado. Vejamos o que Paulo realmente disse:

A beleza de vocês não deve estar [meramente] nos enfeites exteriores, como cabelos trançados e joias de ouro ou roupas finas. Ao contrário, esteja no ser interior, que não perece, beleza demonstrada num espírito dócil e tranquilo, [que não é ansioso ou agitado], o que é de grande valor para Deus.

I PEDRO 3:3-4, AMP

Tudo que o apóstolo estava dizendo é que as mulheres não devem se preocupar apenas com a sua aparência e em ter muitas roupas, mas que devem, antes de qualquer coisa, estar preocupadas em ter a atitude correta no coração. Ele não disse que as mulheres não devem ter mais de uma roupa, ou que não devem usar qualquer cor ou estilo em suas roupas. Ele não disse que usar joias é pecado, mas sim que estar excessivamente preocupado com essas coisas é errado. Admito que já vi excessos bastante ofensivos, mas quando isso aconteceu, observei que a aparência ofensiva era acompanhada de atitudes ofensivas. Quando as pessoas têm o coração correto com relação a Deus, elas fazem as coisas com equilíbrio e estão sempre preocupadas em representá-Lo de forma adequada.

A meu ver, Deus parece ser um decorador magnífico. Ele poderia escolher meu guarda-roupa e decorar minha casa a qualquer momento que desejasse. Simplesmente veja a maneira como Ele decorou a terra. Existem milhares de milhares de espécies de animais, pássaros, árvores e flores. Quantas espécies de animais existem? A resposta correta é que ninguém sabe realmente. Mais de um milhão recebeu um nome, mas os especialistas dizem que existe possivelmente outro milhão esperando para ser descoberto. Existem vinte mil espécies de peixes, seis mil répteis, nove mil pássaros e quinze mil mamíferos. A maioria das pessoas nem se arrisca a tentar adivinhar o número e a variedade de insetos existentes na terra. Existem aproximadamente trinta variedades de pinguins – isso me parece um pouco exagerado, mas imagino que Deus goste de variedade. Existem 6.500 variedades de rosas, pelo menos 7.500 variedades de maçãs e 7.500 variedades de tomates, mas nem todos são plantados comercialmente.

O site da rede de televisão CNN (cnn.com) afirma em uma pesquisa que existem setenta sextilhões de estrelas ao alcance dos telescópios modernos. Não tenho certeza de como eles as contaram, mas o fato é: será que precisamos de todas elas? É esbanjador ou exagerado ter tantas estrelas lá fora que não podemos sequer enxergar? O que estou tentando provar é que Deus não apenas gosta de variedade, como Ele obviamente tem muito mais de cada coisa do que precisaria ter. Ele faz infinitamente, abundantemente acima e além do que seria necessário. Deus tem prazer em nos impressionar. Veja o pinguim, por exemplo. Gosto muito de filmes e documentários sobre pinguins. Eles são engraçados, bonitinhos e têm hábitos impressionantes. Eles parecem estar usando smokings e o seu jeito de andar é hilariante. Adoro o filme *Happy Feet – O Pinguim*, que conta a historia de um pinguim que não conseguia cantar como os outros, mas que tinha pés felizes porque sabia dançar! Quando vejo pinguins, fico feliz. Estou convencida de que muitas das coisas que Deus faz são apenas para o nosso prazer e para nos fazer felizes.

Deus Gosta de Festas

Uma festa é uma ocasião festiva que certamente se qualificaria como uma celebração. Na verdade, muitas celebrações adquirem a forma de festa. Temos festas de aniversário, festas de Natal, festas de escritório, festas de aniversário de casamento – podemos fazer uma festa por qualquer motivo. O primeiro milagre realizado por Jesus que nos é relatado foi feito em uma festa. Creio que isso é no mínimo interessante, e que essa informação deve ficar registrada em nossos bancos de memória. Jesus foi convidado para um casamento e enquanto estava ali, o vinho acabou. Então, Ele transformou água em vinho para que a festa pudesse continuar como o planejado. Não importa qual seja a sua doutrina particular sobre o vinho, mas o fato importante aqui é que Jesus fez isso por causa da festa, portanto, não se prenda ao vinho para não perder a ideia principal. Jesus foi à festa, Ele não tinha nada contra a festa, e Ele queria que as pessoas aproveitassem a festa.

Estou dando ênfase a isto porque creio que muitas pessoas religiosas não conseguiriam se divertir em uma festa ainda que a vida delas dependesse disso. Elas provavelmente encontrariam algo de errado com a música, com a maneira como as pessoas estariam vestidas e, naturalmente, com o vinho. Elas achariam que o dinheiro gasto para fazer a festa poderia ter sido usado para um propósito mais importante. As pessoas religiosas simplesmente parecem não saber como se divertir, mas as pessoas que têm um relacionamento genuíno com Jesus podem, de certa forma, apreciar todas as coisas. Em um esforço para não pecar, a pessoa religiosa tende a evitar quase tudo que poderia ser considerado divertido; mas a pessoa que tem um relacionamento íntimo com Deus e é dirigida pelo Espírito Santo, pode fazer todas as coisas com moderação.

Durante os meus primeiros anos como cristã, frequentei a igreja e tentei ser uma boa pessoa até certo ponto, mas estava definitivamente em cima do muro. Então, cheguei a um momento na vida em que desejava mais de Deus do que tinha, e passei a levar realmente a sério o meu relacionamento com Ele. Levei-o tão a sério que tudo que eu fazia era frequentar a igreja, as reuniões de oração e os estudos bíblicos. Eu não ia a festas! Era séria demais com relação a Deus para perder o meu tempo com coisas frívolas como essas. Parei de jogar vôlei, boliche e golfe com Dave – na verdade, parei de fazer tudo que era divertido e cheguei perigosamente perto de ser como um dos fariseus que Jesus desprezava (ver Mateus 23). Acabei tendo um esgotamento espiritual, e minha vida ficou tão desequilibrada e enfadonha que comecei a buscar nas Escrituras por conta própria o que Deus dizia sobre alegria e prazer de viver. Descobri que Deus gosta de festas, de uma atitude divertida, de riso, celebração e festivais. Ele também gosta de santidade, e as boas novas são que podemos ser santos e desfrutar de uma festa. Na verdade,

Jesus disse que veio para que pudéssemos ter vida e desfrutar a vida com abundância até transbordar. Certamente eu não tinha isso, portanto, decidi que iria aprender a realmente desfrutar a vida. Eu era definitivamente uma das pessoas para quem estou escrevendo este livro. Precisava me permitir relaxar!

Sei que algumas pessoas mais religiosas estão pensando agora: "Bem, Joyce, a Bíblia diz que devemos ser sérios, disciplinados, prudentes e diligentes". Elas estão certas e precisamos ser todas estas coisas, mas também precisamos celebrar, e se não fizermos isso, estaremos perdendo o tempero da vida. Tudo, inclusive nós, ficará enfadonho e sem gosto.

Faça Parte da Minha Festa

Quando Jesus convidou as pessoas para se tornarem Seus discípulos e segui-lo, Ele perguntou a elas se gostariam de se juntar à Sua festa. Imagino que Ele estava falando sobre o Seu grupo, mas gosto de pensar que viajar com Jesus provavelmente era muito divertido, como também envolvia muito trabalho árduo. Ele disse ao jovem governante rico sobre quem lemos em Lucas 18 para deixar de lado o seu estilo de vida egoísta e juntar-se à Sua festa. O jovem rico tinha dinheiro, mas o dinheiro o controlava, e Jesus queria que ele aprendesse que a verdadeira alegria não se encontra no que possuímos, mas em vivermos para o propósito correto. Repetidamente, ao longo dos evangelhos (Mateus, Marcos, Lucas e João), vemos que Jesus convidava as pessoas para deixarem o seu estilo de vida e se unirem à Sua festa, e Ele continua fazendo esse convite hoje.

Viver para Deus, servindo a Ele e aos outros, pode ser algo tremendo se olharmos com a mente de Cristo. Estou trabalhando o dia inteiro hoje e posso olhar para isto como t-r-a-b-a-l-h-o, ou posso decidir que vou festejar (me divertir) enquanto faço meu trabalho. Tudo se resume à nossa a-t-i-t-u-d-e! Qual será a minha atitude? A missão que Jesus tinha não poderia se mais séria e, no entanto, tenho certeza de que Ele ria com os Seus discípulos, fazia brincadeiras com o jeito desajeitado deles, saboreava a comida, descansava, e de alguma forma conseguia transformar a missão em algo digno de ser apreciado. Quando recebemos Jesus Cristo como nosso Salvador e decidimos que queremos ser cristãos e viver um estilo de vida cristão, não estamos indo para uma assembleia solene ou um funeral, estamos entrando na festa de Jesus! Minha imagem favorita de Jesus é uma que vi certa ocasião, na qual Ele aparecia sorrindo.

Jesus pode transformar até o morrer para si mesmo – que significa ser liberto do egoísmo e de uma vida egocêntrica – em uma jornada interessante, se olharmos para essa jornada através da perspectiva adequada. Falo muito sobre "maturidade espiritual", "morrer para o egoísmo", "tomar a nossa cruz e viver vidas santas" e fico impressionada com quantas pessoas riem enquanto faço isso. De algum modo, o Espírito Santo traz o ensinamento para fora de mim de uma forma que faz as pessoas rirem enquanto estão sendo corrigidas. Deus é impressionante! As pessoas me dizem o tempo todo o quanto sou engraçada e, no entanto, entrego uma mensagem muito direta, que as atinge com firmeza e é muito séria. Eu entrei na festa de Jesus!

Você é Convidado para a Festa

Uma das histórias bíblicas mais conhecidas e amadas fala sobre um jovem que deixou a casa de seu para sair pelo mundo e viver a vida à sua maneira. Ele desperdiçou toda a sua herança em uma vida indisciplinada e finalmente terminou alimentando porcos e comendo o que eles comiam. Um dia, tomou a brilhante decisão de voltar para a casa de seu pai, percebendo que teria uma vida melhor como servo de seu pai do que vivendo como estava vivendo no mundo. Contemplando à distância, seu pai viu-o chegando e imediatamente planejou uma festa. Suas palavras exatas foram: "Vamos fazer uma festa e alegrar-nos" (Lucas 15:23). Ele deu roupas novas ao filho, um anel especial e sapatos novos, e preparou um banquete impressionante. Ele estava extremamente feliz porque seu filho recobrara a consciência e voltara para casa. Todos estavam aproveitando a festa; a música estava alta, e o filho mais velho que estava voltando do trabalho no campo ouviu o barulho. Ele perguntou o que estava acontecendo, e quando ouviu a notícia ficou indignado e zangado, recusando-se a participar da festa. Seu pai suplicou-lhe que fosse, mas ele preferiu ficar de mau humor, sentir pena de si mesmo e fazer acusações contra seu irmão e seu pai. Nenhuma das suas atitudes negativas fez com que seu pai interrompesse a festa, mas impediram que ele entrasse nela.

O irmão mais velho lembrou a seu pai como havia servido e trabalhado para ele por muitos anos sem nunca lhe gerar problemas, mas que ninguém nunca havia lhe dado uma festa. Seu pai respondeu que ele poderia ter tido uma festa a qualquer momento que desejasse, porque tudo o que o pai possuía pertencia a ele. Para mim, esta é a lição mais impressionante, uma lição que não podemos nos dar ao luxo de perder de vista: Deus nos ama, e tudo que Ele tem é nosso enquanto pertencermos a Ele. Ele aprecia o nosso trabalho e o nosso esforço para agradar-lhe, mas se nos recusarmos a desfrutar dos benefícios de sermos filhos de Deus, isso é culpa nossa e não Dele. Podemos fazer uma festa a qualquer momento que quisermos. Todos os dias podem ser uma festa se aprendermos a arte da celebração.

Todos os dias podem ser uma festa se aprendermos a arte da celebração.

Jesus disse que o reino dos Céus é como um rei que preparou um banquete de casamento para seu filho, e enviou seus servos para convocar aqueles que haviam sido convidados, mas eles se recusaram a comparecer. Ele enviou outros servos e tentou mais uma vez fazer com que os convidados comparecessem ao banquete (à festa), mas eles trataram o convite com indiferença e cada um saiu para o seu campo ou para os seus negócios (ver Mateus 22:2-5). É muito triste saber que muitas pessoas vivem uma vida de estresse e pressão simplesmente porque não conhecem a arte e o valor de desfrutar da jornada.

Festas e Festividades

Quando estudo o Antigo Testamento e o estilo de vida dos israelitas, o povo escolhido de Deus, percebo que ele era cheio de festas. A primeira celebração que vemos registrada na história bíblica é o *Shabat* (*o* Sábado), que era a celebração da criação. Deus trabalhou seis dias, e no sétimo dia descansou dos Seus trabalhos e separou um tempo para desfrutar do que havia realizado. Ele ordenou que o sétimo dia de cada semana fosse celebrado como um dia santo ao Senhor. O *Shabat* era o dia em que as pessoas deveriam se lembrar e celebrar tudo que Ele havia feito por elas, e o que Ele havia criado (ver Êxodo 20:8-11). Era um tempo de reflexão, restauração e celebração.

A festa e a celebração da Páscoa Judaica foi instituída para que as pessoas sempre se lembrassem de como Deus as havia protegido e livrado do anjo da morte que passou pelo Egito, matando todos os primogênitos dos animais e do povo (ver Levítico 23:5). A matança dos primogênitos foi um julgamento sobre Faraó, que havia se recusado a obedecer a Deus e a deixar que os israelitas abandonassem o cativeiro no Egito.

Essa noite foi uma noite a ser lembrada, e ela mereceu uma celebração anual. Deus quer que nos lembremos do que Ele fez por nós. Se você não é judeu, provavelmente não celebra a Páscoa nos moldes judaicos, mas devemos manter o espírito desta festa celebrando as coisas semelhantes que Deus fez por nós. Devemos chamá-las à nossa lembrança, falar sobre elas com nossos amigos e familiares, e nunca deixar de celebrar a bondade de Deus em nossas vidas.

A Festa dos Pães Ázimos ou Festa dos pães sem fermento começava imediatamente após a Páscoa Judaica e durava sete dias. Foi instituída para lembrar ao povo o êxodo do Egito e o fato de que haviam deixado a antiga vida para trás e estavam entrando em um novo modo de viver. Imagine, eles tinham uma festa após a outra! (ver Levítico 23:6-8).

Em seguida, vinha a Festa das Primícias. Era uma celebração na época da colheita da cevada, para lembrar ao povo como Deus os havia suprido (ver Levítico 23:9-14). Esta festa durava um dia.

A Festa do Pentecostes ocorria no final da colheita da cevada e no início da colheita do trigo, e demonstrava alegria e ações de graças pela colheita abundante. Esta festa também durava um dia.

A Festa das Trombetas vinha em seguida, e era uma festa de um dia que expressava alegria e ações de graças a Deus. Parte desta celebração era o toque das trombetas (ver Levítico 23:23-25).

O Dia da Expiação era um grande dia (ver Levítico 23:26-32), o dia em que o pecado era removido do povo e da nação e a comunhão com Deus era restaurada. Nesse dia, requeria-se que o povo se afligisse com jejuns, penitências e humilhação. Alegro-me pelo fato de que, como cristãos da Nova Aliança, podemos fazer esta celebração *continuamente* e não apenas uma vez por ano. Alegro-me também porque Jesus Se humilhou e Se afligiu por nós e podemos celebrar o que Ele fez.

> Se confessarmos os nossos pecados, Ele é fiel e justo para perdoar os nossos pecados e nos purificar *[continuamente]* de toda injustiça.
>
> 1 JOÃO 1:9, (ÊNFASE DA AUTORA)

A Festa dos Tabernáculos durava sete dias e celebrava a proteção e a direção de Deus no deserto enquanto os israelitas viajavam do Egito para a Terra Prometida. Ela renovava o compromisso com Deus assim como a confiança deles na Sua direção e proteção (ver Levítico 23:33-43).

Os israelitas também tinham o hábito de celebrar depois de um trabalho bem feito. Em Esdras 6:14-16, vemos que o povo celebrou o término e a dedicação da casa que haviam construído para Deus. Eles celebravam casamentos e provavelmente nascimentos e aniversários. Eles faziam uma festa quando seus filhos chegavam à puberdade, chamada *Bar-Mitsvá*. Sinceramente, parece-me que eles utilizavam qualquer desculpa que pudessem para celebrar e que as celebrações não apenas eram autorizadas por Deus – elas eram organizadas e ordenadas por Ele!

Você está começando a entender o meu ponto de vista? Deus definitivamente gosta de festas!

Celebre o Seu Progresso

Nosso neto mais novo recentemente ficou de pé sozinho pela primeira vez. Estávamos fora da cidade nesta alegre ocasião, mas recebemos um telefonema nos contanto as boas novas. Lembro-me claramente que havia quatro adultos no carro quando recebemos a notícia e três de nós agimos de uma forma bem ridícula com relação ao acontecimento. Eu realmente bati palmas, Dave sorriu de orelha a orelha e disse com muita surpresa: "É MESMO?" Uma amiga nossa também estava no carro e ficou empolgada. Ouvi perguntas do tipo: "Por quanto tempo ele ficou de pé?" e "Ele fez isso mais de uma vez?" Ninguém perguntou se ele se sentou novamente, embora todos soubéssemos que sim. Estávamos cientes inclusive de que ele poderia ter caído, mas não nos importamos com nada a não ser com o progresso dele. Tivemos uma cena semelhante em nossa casa quando ele sorriu pela primeira vez, quando comeu sua primeira papinha, quando engatinhou e quando disse "ma-ma" e "pa-pa". Ficamos realmente entusiasmados com qualquer pequeno progresso que ele faz e todos nós expressamos esse entusiasmo para incentivá-lo. Dave e eu acabamos de passar vários dias com o bebê e, para ser sincera, provavelmente o incentivamos centenas de vezes durante aqueles poucos dias. Não me lembro de uma vez sequer em que o tenhamos repreendido pelo que ele ainda não podia fazer.

Quando estou fora da cidade e ligo para meu filho e minha nora, sempre pergunto se Travis fez alguma coisa nova. Minha nora me envia as fotos das coisas novas, como a foto dele na piscina, no balanço, ou de pé na sua mesa de brinquedo. Deus usou este exemplo para me ajudar a entender que Ele celebra o nosso progresso assim como nós celebramos o progresso de nossos filhos e netos. Celebramos o progresso de nossa cadelinha dando doces a ela. Até temos alguns em forma de biscoito! Se podemos dedicar um tempo para nos esforçarmos para celebrar o fato da cadelinha fazer suas necessidades do lado de fora, então com certeza podemos encontrar tempo para celebrar o nosso próprio progresso. A celebração nos fortalece. Na verdade, creio que se não celebrarmos as ocasiões de progresso, ficaremos enfraquecidos e sofreremos derrotas desnecessárias.

Duchess, nossa cadela, ficou com uma amiga enquanto estávamos fora da cidade, e ela me disse que embora estivesse levando-a para fora de casa para fazer as necessidades, Duchess entrava, agachava-se na frente dela e batia com a pata no chão. Fiquei chocada e não conseguia entender por que, até que perguntei a minha amiga se estava dando recompensas depois que ela fazia o "trabalho" dela lá fora. Eles não estavam dando isso a ela, e Duchess estava mostrando a eles que se não comemorassem seu progresso dando a ela uma recompensa, então ela faria uma boa bagunça dentro de casa. Talvez nós também sejamos assim – quando não ganhamos presentes nos comportamos mal! Deus não tem um placar de todas as vezes que falhamos, mas Ele fica entusiasmado com o nosso progresso, e nós devemos ficar entusiasmados também! Desperdicei anos demais me lamentando pelos meus erros e fraquezas. Fui ensinada a sofrer pelo meu pecado, mas ninguém na igreja me disse para celebrar o meu progresso, e creio que isso é trágico. Se assim como eu você também perdeu esta importante lição, então hoje estou lhe dizendo para celebrar, celebrar, e depois celebrar o seu progresso mais um pouco.

> **Deus não tem um placar de todas as vezes que falhamos, mas Ele fica entusiasmado com o nosso progresso, e nós devemos ficar entusiasmados também!**

Ainda não estou onde desejo no que diz respeito à santidade em meu comportamento, mas graças a Deus não estou onde estive antes. Progredi muito nos trinta e três anos durante os quais tive um relacionamento sério com Deus. Deus me transformou tanto que sou realmente uma nova criatura, assim como a Sua Palavra promete em 2 Coríntios 5:17. Meu marido provavelmente acha que esteve casado com diversas mulheres durante sua jornada ao meu lado, porque certamente não sou como aquela pessoa com quem ele se casou no início. A transformação e o progresso são lindos. São sinais de que estamos vivos e de que Deus está trabalhando! Precisamos celebrar o progresso.

A Bíblia diz cento e setenta vezes que devemos nos alegrar, e se estudarmos a palavra "alegrar-se", veremos que ela é uma emoção que precisa de uma expressão exterior. Podemos bater palmas como fiz quando ouvi a notícia de que meu neto estava progredindo; podemos gritar como Dave fez quando nosso último filho nasceu e ele teve o privilégio de estar na sala de parto; ou podemos ir fazer as unhas dos pés só porque estamos alegres e celebrando o fato de que não desperdiçamos um só dia nos últimos três meses sentindo pena de nós mesmos. Se você realmente está alegre, pode até comer um biscoito enquanto faz as unhas dos pés!

A Bíblia diz que a vereda do justo brilha mais e mais a cada dia, até ser dia perfeito (Ver Provérbios 4:18, ARA). Se você pode olhar para trás e dizer: "Melhorei neste último ano. Meu comportamento está um pouco melhor. Estou um pouco mais paciente. Estou sendo mais generoso. Estou um pouquinho menos egoísta", então você pode celebrar! Se você acha que não fez progresso algum, então provavelmente o diabo está mentindo para você. Ele tem o mau hábito de nos lembrar diariamente o quanto ainda temos de caminhar. Percebi que o diabo não é muito encorajador ou lisonjeiro, e que dar ouvidos a ele só atrapalha o nosso progresso. Se você está lendo este livro, significa que deseja melhorar, e a verdade é que qualquer pessoa que deseja melhorar vai melhorar. O seu caminho está ficando cada vez mais luminoso e claro a cada dia, e celebrar o seu progresso é uma das maneiras de dizer "Obrigado" a Deus.

Na noite passada, perdi a paciência com o controle remoto da televisão. Eu havia trabalhado o dia inteiro neste livro e finalmente me sentara confortavelmente para assistir a um filme. Quando liguei a televisão, percebi que o controle remoto estava piscando indicando "bateria fraca". Ele tinha bateria suficiente para ligar a televisão, mas depois ele apagou e não conseguia nem mesmo desligá-la. O volume estava realmente alto, e eu não conseguia desligá-la. Chamei Dave e embora ele estivesse quase no chuveiro, ouviu o estado de pânico em minha voz e decidiu se vestir e tentar me salvar. Pensamos que seria fácil resolver o problema. Simplesmente colocaríamos pilhas no controle, mas só tínhamos três pilhas e precisávamos de quatro. Meu lado criativo entrou em ação e sugeri que tirássemos as pilhas de um controle de uma das outras televisões da casa e as usássemos no controle daquela que queríamos assistir naquela noite (ela tinha uma tela maior).

Colocamos todas as pilhas em cima da mesa e é claro que nenhum de nós consegue ver sem óculos. Pegamos nossos óculos, mas por algum motivo não estávamos vendo bem mesmo assim. A luz estava fraca na sala, mas sendo homem e não querendo admitir que não conseguia ver, Dave continuou colocando as pilhas, uma após a outra, sem êxito. A esta altura, nenhum dos controles remotos funcionava. As baterias estavam espalhadas sobre a mesa, e provavelmente misturamos as novas com as velhas. Foi quando quis tentar colocá-las eu mesma. Dave não queria entregá-las a mim, e eu estava ficando cada vez mais zangada. Quando nos aproximamos da porta de vidro esperando poder ver melhor com a luz externa, nos levantamos ao mesmo tempo e a cabeça de Dave bateu na minha. Parecia que eu havia perdido a salvação por alguns segundos.

É claro que, assim que me acalmei, fiquei me sentindo mal por ter perdido a calma. Contudo, como sei que não fui feita para sentir culpa, tive de resolver a situação. Admiti meu erro, pedi a Deus que me perdoasse e tentei pensar em como poderia celebrar essa confusão. De repente percebi que embora não pudesse celebrar o fato de ter me irritado, eu podia celebrar o fato de ter sido perdoada!

Anos atrás eu teria me sentido culpada por dias até que finalmente saísse do poço de desespero, com a certeza de que Deus estava terrivelmente decepcionado comigo. Mas agora sei que nada que faço O surpreende! Ele sabia tudo a meu respeito antes mesmo que eu nascesse e ainda assim deseja ter um relacionamento comigo. Ele sente o mesmo a respeito de você. Posso imaginar Jesus dando uma boa risada ontem à noite ao ver Dave e eu tentando consertar os controles remotos. Muitas vezes somos como uma versão moderna de Lucille Ball e Desi Arnaz da série *I Love Lucy*. Se Deus guardou algum registro de ontem à noite, tenho certeza de que foi o fato de eu ter crescido a ponto de não perder tempo me lamentando por algo que Jesus já solucionou na cruz, que são os nossos pecados. Encontre maneiras de celebrar o seu progresso em vez de se lamentar excessivamente pelos seus erros. Não estou sugerindo que não devamos levar os nossos pecados a sério, ao contrário, nós devemos fazer isso, mas também precisamos celebrar a misericórdia e o perdão de Deus.

Na manhã seguinte ao fiasco do controle remoto, tive outro desafio interessante. Precisava de um determinado pincel de maquiagem que eu sabia que havia usado no dia anterior. Vasculhei em minha caixa de maquiagem e não consegui encontrá-lo, então me levantei e tirei tudo da caixa, uma coisa de cada vez, e ainda assim não consegui encontrá-lo. Eu tinha certeza de que o havia usado no dia anterior. Procurei na gaveta, em outra caixa, no armário debaixo da pia, e finalmente respirei fundo e usei um pincel diferente. Assim que terminei de aplicar toda a maquiagem e arrumei o cabelo, encontrei o pincel. Era um pincel preto e estava sobre a bancada da pia, que também é preta, de modo que ele estava ali bem na minha frente o tempo todo, mas eu não o vi.

O motivo pelo qual estou trazendo este assunto é porque, embora tenha sido frustrante, não fiquei irritada com isso como havia feito na noite anterior com relação à outra situação. Creio que se tivesse passado a noite me condenando por ter me irritado, provavelmente teria ficado irritada de novo no dia seguinte. A condenação nos enfraquece e faz com que continuemos repetindo o mesmo erro sem parar, mas celebrar nos fortalece. Você deve se lembrar que eu decidi celebrar o fato de ter sido perdoada, e como disse, creio que isso me ajudou a resistir à tentação de perder a calma no momento seguinte em que fui confrontada com algo ridículo que estava me fazendo perder tempo. O diabo não gosta de festas nem de nenhum tipo de alegria ou celebração autênticas, portanto, se aprendermos a fazer mais isso, talvez passemos a ouvir menos as sugestões dele.

Punição ou Recompensa

Como você pode se motivar a fazer as coisas que sabe que precisa fazer? É melhor recompensar a si mesmo por se sair bem e progredir, ou se punir quando comete erros ou não atende às suas expectativas? Creio que a experiência nos ensina que recompensar a nós mesmos por um trabalho bem feito é sempre melhor do que a punição. Estabeleci alguns alvos para mim mesma na ginástica este ano. Quero aumentar o volume de peso que posso levantar com as pernas e também quero ser capaz de fazer agachamentos de tal maneia que meu joelho toque o chão durante o exercício. Se você não sabe o que são estes exercícios, deixe-me dizer apenas que para uma mulher da minha idade que só começou a se exercitar há dois anos, os dois significam dor!

Atingi meu alvo no levantamento de peso um mês depois de tê-lo estabelecido, mas ainda não consegui atingir o meu alvo com os agachamentos. Suponhamos que eu decida me punir por não atingir um alvo, negando a mim mesma o privilégio de comer sobremesa por duas semanas, mas não fizer nada para me recompensar pelo outro alvo que atingi. A experiência nos ensina que eu começaria a relacionar os agachamentos com punição e provavelmente começaria a ficar com pavor deles. Poderia até diminuir o meu alvo a fim de poder retirar a punição.

Por outro lado, se continuasse a tentar atingir o meu alvo com relação aos agachamentos, mas me recompensasse de alguma forma por tê-lo atingido no levantamento de peso, eu tentaria com mais afinco atingir o meu outro alvo, porque mentalmente relacionaria o alvo atingido com a recompensa. Já sei que vou me recompensar e celebrar depois que terminar este livro, e saber disso torna mais fácil para mim continuar escrevendo.

Como pais, muitas vezes somos tentados a punir nossos filhos pelo que fizeram de errado, mas deixamos de observar e recompensar o que fazem de certo. Creio que devemos enfatizar os pontos fortes de nossos filhos e subestimar as fraquezas deles. Lembro-me que costumava me meter em encrencas quando estava crescendo, mas sinceramente não me lembro de ter recebido muito incentivo. Lembro-me que meu pai me dizia que eu nunca seria nada. Ninguém nunca me disse que eu era capaz de fazer qualquer coisa que decidisse fazer, ou que eu tinha habilidades dadas por Deus que precisava desenvolver. Saí de casa aos dezoito anos com a determinação de provar ao mundo e a mim mesma que eu tinha valor e capacidade, mas segui pelo caminho errado. Tornei-me uma pessoa viciada em trabalho que nunca aprendera a valorizar a recompensa e o prazer.

Recentemente assisti a um filme sobre uma garotinha cuja mãe era perfeccionista e rigorosa. Independente do tipo de trabalho que a criança levasse para casa da escola, a mãe sempre encontrava alguma coisa que poderia e deveria ter sido feita de um modo melhor. É claro que a menina se sentia tão desencorajada que suas notas começaram a baixar. No entanto, ela teve uma nova professora, uma senhora muito positiva que sabia como motivar as crianças. A nova professora imediatamente viu que a criança precisava de incentivo e começou a encorajá-la generosamente. Cada coisa que a criança fazia bem era elogiada por escrito em seus cadernos. Por exemplo, em vez de dizer: "Você escreveu duas palavras errado", ela dizia: "A sua letra é linda e a sua história é maravilhosa. A sua escrita pode melhorar um pouco, mas vamos trabalhar nisto juntas". Você acertou – a criança amou a professora e começou a melhorar radicalmente, porque reagia melhor à recompensa do que à punição.

Vejo que quando me recompenso, mesmo com coisas pequenas, isso me motiva. Isso me dá um motivo para ter expectativa enquanto estou fazendo o que precisa ser feito. Enquanto escrevo este livro, estabeleço alvos para mim mesma todos os dias de quanto quero realizar, e à medida que atinjo o alvo, paro e faço alguma coisa de que gosto. Vou a um pequeno restaurante na cidade que aprecio muito e me sento na varanda para comer, ou preparo um café com leite para mim e faço um intervalo, ou vou fazer uma massagem. Poderia citar uma dúzia de coisas, mas creio que você já entendeu o meu ponto de vista. As coisas de que gosto podem ser diferentes das que você gosta, mas você precisa se recompensar enquanto se esforça para atingir seus objetivos. Ontem, trabalhei por mais tempo do que o normal e já sei em meu coração que hoje preciso trabalhar um pouco menos e fazer algo que gosto, para não ficar esgotada demais por escrever sem parar. Recuso-me a ser uma pessoa coagida que tem medo de seguir o seu coração.

Celebre a Mudança

Como filhos de Deus, precisamos ser comprometidos em mudar. Ao longo da nossa jornada aqui na terra, o Espírito de Deus estará trabalhando conosco e em nós, ajudando-nos a mudar para melhor. Para progredir, precisamos ver o que estamos fazendo de errado e estar dispostos a aprender formas melhores de fazê-lo. Deus quer que vejamos a verdade (a realidade) para podermos concordar com Ele que a mudança é necessária, mas não precisamos nos punir quando vemos nossos erros, nem nos sentir culpados ou condenados. Podemos até aprender a celebrar as mudanças que precisam ser feitas em nós e nas nossas vidas.

Quando Jesus subiu ao Céu, Ele enviou o Espírito Santo para nos ajudar a progredir em santidade. O Espírito Santo trabalha a santidade em nós, e Ele faz isso nos dando convicção do nosso mau comportamento e nos convencendo a fazer as coisas da maneira de Deus. Ele não apenas nos mostra o que precisa mudar, como também nos dá a força para mudar. Ele é Aquele que nos fortalece! João 16:7-13 nos dá a compreensão do ministério do Espírito Santo em nossas vidas. Ele é o nosso Consolador, Conselheiro, Mestre, Advogado, Intercessor, Aquele que nos fortalece e que está sempre à disposição. Ele vive em íntimo relacionamento conosco. Isso significa que está sempre presente e que o objetivo Dele é nos ajudar a sermos o que Deus quer que sejamos para que possamos desfrutar das coisas que Deus quer que desfrutemos. A vida de todo crente deve trazer glória a Deus, e isso requer uma atitude que diga: "Transforma-me e faz de mim aquilo que queres que eu seja".

O progresso tem uma importância vital, mas a perfeição é impossível.

A mudança e o crescimento são um processo que continuará enquanto estivermos na terra, em nossos corpos humanos. O progresso tem uma importância vital, mas a perfeição é impossível. Podemos ter um coração perfeito diante de Deus e com relação ao seu plano para nós, mas o nosso comportamento sempre estará longe da perfeição, de uma forma ou outra.

> Portanto, sede vós perfeitos [crescendo para a maturidade completa, tendo alcançado a estatura adequada de virtude e integridade], como perfeito é o vosso Pai celeste.
>
> MATEUS 5:48, AMP

Podemos ver nesse versículo que perfeição significa crescimento! Sou da opinião de que desde que estejamos cooperando com o

Espírito Santo o melhor que podemos e desejemos sinceramente mudar, Deus nos considera perfeitos em Cristo enquanto estamos percorrendo esse trajeto.

A convicção é a ferramenta que o Espírito Santo usa para nos fazer ver que estamos fazendo algo errado. Sentimos dentro de nós que nossas atitudes, palavras ou atos estão errados. Que atitude devemos ter com relação a essa convicção? Creio que deve ser uma atitude de contentamento.

> Àqueles a quem Eu amo [com ternura e afeto], digo-lhes os seus erros e os convenço, reprovo e castigo [Eu os disciplino e instruo]. Portanto, encha-se de entusiasmo e zelo ardente, e arrependa-se [mudando a sua mente e a sua atitude].
>
> APOCALIPSE 3:19, AMP

Deus vê a convicção, a correção e a disciplina como algo a ser celebrado e não como algo que nos deixa tristes ou frustrados. Por que devemos celebrar quando Deus nos mostra que alguma coisa está errada conosco? O entusiasmo parece uma reação estranha, mas, na verdade, o fato de podermos ver algo para o qual antes estávamos cegos é uma boa notícia. Durante muitos anos em minha vida fui uma pessoa rude, insensível e egoísta, e nem sequer sabia disso. Eu era mestre em manipular as pessoas, mas na verdade estava convencida de que estava apenas tentando ajudá-las a fazerem o que era certo. É claro que não via o orgulho que me havia feito pensar que a minha maneira era sempre a maneira correta. Eu era gananciosa, invejosa e ciumenta, mas não via nada disso. Esta é uma triste condição de vida, mas as pessoas que não têm um relacionamento com Jesus e que não estudam a Palavra de Deus estão cegas e surdas espiritualmente.

Meu coração era duro como consequência dos anos em que fui ferida pelas pessoas e abriguei a amargura, fazendo as coisas do meu jeito. Quando o nosso coração é endurecido, não somos sensíveis ao toque de Deus. Quando Ele nos traz convicção, nós simplesmente não sentimos. Assim, quando progredimos em nosso relacionamento com Deus a ponto de começarmos a sentir quando estamos fazendo algo errado, isto é uma boa notícia. É um sinal de progresso e deve ser celebrado alegremente. Quanto mais tempo servimos a Deus e estudamos os Seus caminhos, mais sensíveis nos tornamos. Finalmente crescemos até o ponto em que sabemos imediatamente quando estamos dizendo ou fazendo alguma coisa que não agrada a Deus, e temos a opção de nos arrependermos e começar de novo.

Minha reação à convicção costumava ser começar imediatamente a abrigar um sentimento de condenação. A condenação nos empurra para baixo e nos enfraquece, faz com que nos sintamos culpados e infelizes, mas a convicção tem a intenção de nos levantar e nos tirar de um erro. O Espírito Santo nos mostra o nosso erro, e depois nos ajuda a vencê-lo. Quando a convicção de Deus rapidamente se transformava em culpa para mim, eu ficava apavorada e a minha atitude era: "Ótimo! Outra coisa errada comigo que tenho de tentar consertar". Eu não entendia nada sobre esse processo; assim, devido à falta de conhecimento de minha parte, o diabo podia pegar as coisas que Deus pretendia que fossem para o meu bem e transformá-las em tormento. Como você reage quando é convencido pelo Espírito Santo de que está fazendo alguma coisa errada? Você se sente mal e culpado, ou entende que o simples fato de poder sentir a convicção de Deus é uma boa notícia? Significa que você está vivo para Deus e que está crescendo espiritualmente.

Creio que devemos ser gratos quando Deus nos convence, e devemos realmente celebrar o fato de que vimos algo que vai nos ajudar a mudar e a sermos capazes de glorificar mais a Deus. Cada vez que você sentir convicção de pecado, tente erguer as mãos em louvor e dizer: "Obrigado, Deus, porque Tu me amas o suficiente para não me deixar sozinho no meu pecado. Obrigado porque sinto o Teu desagrado quando peco. Obrigado por me transformar no que

Tu queres que eu seja". Este tipo de atitude abrirá o caminho para você progredir em vez de ficar preso no seu pecado pelo fato de estar cego para ele, ou pela condenação do diabo. Quando Deus nos mostra um erro, Ele não espera que o corrijamos. Ele só quer que o reconheçamos, que concordemos com Ele, que lamentemos o fato e que estejamos dispostos a abandoná-lo. Ele sabe – e nós precisamos saber – que não podemos mudar a nós mesmos, mas Ele nos transformará se estudarmos a Sua Palavra e cooperarmos com o Seu Espírito Santo.

Qualquer tipo de mudança vale a pena ser celebrada porque é necessária para o progresso. O processo pode não trazer alegria, porém mais tarde ele irá gerar o fruto de justiça e paz que Deus deseja e que nós podemos desfrutar (ver Hebreus 12:11). Permita-se relaxar e não seja tão radical quanto à sua perfeição. Faça o seu melhor e deixe Deus fazer o resto. Desde que você esteja progredindo, Deus está satisfeito.

Celebre Dando Algo a Alguém

A o longo da Bíblia vemos pessoas celebrando o progresso e a vitória de várias maneiras. Uma dessas maneiras era reservar um tempo específico para dar uma oferta a Deus e para agradecer a Ele.

Noé havia estado na arca por um ano e dez dias quando Deus disse a ele que era hora de sair e começar uma nova vida. Nem consigo imaginar o quanto ele e sua família (e os animais) ficaram felizes ao ver a terra seca e ao colocarem os pés em solo firme. A primeira coisa que Noé fez foi construir um altar ao Senhor e sacrificar vários animais a Ele. Nos dias de Noé, este era o método aceitável de se ofertar a Deus e de demonstrar apreço pelo que Ele havia feito. Deus agradou-Se quando sentiu o aroma agradável e pronunciou uma bênção sobre Noé e seus filhos, e disse a eles: "Sejam férteis, multipliquem-se e encham a terra" (Gn 9:1).

Nós acrescentaríamos muitas ocasiões de celebração às nossas vidas se dedicássemos tempo para agradecer e talvez para fazer algum outro tipo de oferta quando Deus faz coisas grandiosas por nós. Uma atitude de gratidão diz muito sobre o caráter de uma pessoa. Nunca devemos ter uma atitude do tipo "Eu tenho direito a isto!", mas devemos ter uma atitude que diga: "Sei que não mereço a bondade de Deus, mas sou tremendamente grato por ela".

**Uma atitude de gratidão diz muito
sobre o caráter de uma pessoa.**

Abrão (que mais tarde passou a se chamar Abraão) construía altares para Deus e sacrificava constantemente, dando louvor e graças ao Senhor pelo seu progresso enquanto viajava pela terra. Deus havia pedido a Abrão que deixasse tudo que lhe era familiar, inclusive sua casa e sua família, e que fosse para um lugar que seria mostrado a ele enquanto estivesse a caminho. Não consigo nem imaginar a dificuldade de obedecer a um pedido como esse. Deixar tudo! E ir para onde? E para quê? Abrão encontrou a coragem para partir e ao longo de sua jornada separou um momento para celebrar o progresso que havia feito até então (ver Gênesis 12:7-8, 13:4). Deus o estava guiando, cuidando dele e mantendo-o seguro. Certamente, ao final de cada dia devemos dedicar um tempo para celebrar em nosso coração o fato de que Deus nos manteve em segurança e nos capacitou para fazermos o que quer que fosse preciso. A refeição da noite poderia ser usada como um momento para nos ligar a este tipo de celebração. As festas de Israel geralmente incluíam comida, então, por que não transformar um jantar comum em uma celebração? Não será necessário nenhum preparativo especial; tudo que você precisa é de um coração cheio de gratidão e de disposição para tirar alguns instantes e expressar isso a Deus.

É fácil ficarmos envolvidos em avaliar o quanto ainda temos de avançar para atingirmos os nossos objetivos em vez de celebrarmos o quanto já progredimos. Pense nisso. Quanto você já conquistou desde que se tornou um cristão? Quanto você mudou? O quanto você é mais feliz? Você tem mais paz do que antes? Você tem esperança? Sempre há muito para se celebrar se procurarmos.

> **É fácil ficarmos envolvidos em avaliar o quanto ainda temos de avançar para atingirmos os nossos objetivos em vez de celebrarmos o quanto já progredimos.**

Um estudo completo da Bíblia nos mostra que os homens e mulheres que Deus usou de forma poderosa sempre tinham a atitude de celebrar o que Ele havia feito. Eles não consideravam a bondade de Deus como algo certo e corriqueiro, ao contrário, demonstravam abertamente a sua gratidão tanto pelas coisas pequenas quanto pelas grandes coisas que Deus fazia.

Deus Dividiu o Mar Vermelho

Você já passou por uma situação em que sentiu que suas costas estavam contra a parede? Você tinha um problema grande e sem solução, e então de repente Deus fez algo surpreendente e permitiu que você escapasse em segurança do problema. A maioria de nós pode se lembrar de um momento como este. Quando os israelitas foram conduzidos para fora do Egito por Deus, operando através de Moisés, eles se viram em uma situação desesperadora. O Mar Vermelho estava diante deles e o exército egípcio atrás. Eles não tinham para onde ir; estavam encurralados! Deus havia prometido libertá-los, e o que Ele fez foi realmente impressionante. Ele dividiu o Mar Vermelho e os israelitas passaram sobre terra seca, mas quando o exército egípcio os seguiu, o mar se fechou sobre eles e os afogou.

Quando os israelitas chegaram do outro lado, a primeira coisa que fizeram foi começar a celebrar. Eles cantaram um cântico que veio diretamente do coração deles, registrado em dezenove versículos da Bíblia (ver Êxodo 15:1-19). Depois desse cântico, duas mulheres pegaram um tipo de tamborim, e todas as mulheres as seguiram com seus tamborins e dançaram e cantaram um pouco mais. Todo o cântico falava do que Deus havia feito, do quanto Ele era grande, e de como Ele os havia redimido e tratado com os seus inimigos. Provavelmente teríamos mais vitórias na vida se separássemos tempo para celebrar aquelas que já tivemos. Mais uma vez, estaríamos agindo com base no princípio de sermos gratos pelo que temos em vez de ficarmos contabilizando o que ainda não temos.

Deus Restaura os Quebrantados

Muitos de nós já estamos em uma condição de destruição quando finalmente nos humilhamos e pedimos a Deus que faça a Sua obra em nós. Deus é um construtor e restaurador do que um dia foi perdido e destruído. Eu havia perdido minha inocência através do abuso, não tinha confiança, estava cheia de vergonha, de culpa, de amargura, e de muitas outras emoções dolorosas. Mas Deus...! Amo esta frase que se encontra na Palavra de Deus. Mas Deus... trabalhou em minha vida, reconstruindo e restaurando o que um dia foi quebrado e ficou inútil. A história está cheia de relatos de pessoas que podem contar uma história semelhante.

Neemias e seus irmãos (os judeus) que haviam escapado do exílio, viviam em condições lastimáveis. Os muros de sua cidade estavam destruídos, e para qualquer cidade daquele tempo isso era muito perigoso. Os muros eram a proteção contra os inimigos que os cercavam e que pareciam estar em toda parte.

Neemias soube da terrível situação em que seus irmãos viviam, e depois de chorar, jejuar e orar por dias, ele foi até o rei e pediu permissão e madeira para reconstruir o portão do templo, os muros da cidade, e uma casa onde ele pudesse morar. Neemias era um homem de ação. Quando via uma necessidade ou uma injustiça, queria fazer algo a respeito, e nós devemos ser assim também. Creio que é interessante o fato dele ter pedido para ajudar o povo e de estar disposto a trabalhar arduamente, mas ele também pediu uma casa para si. Talvez ele tenha percebido que quando o projeto estivesse terminado precisaria de um bom lugar para viver e relaxar.

O projeto era gigantesco, levou muito tempo e precisou de muita determinação. Durante a reconstrução, Neemias e os demais trabalhadores enfrentaram oposição constante por parte de seus inimigos, que tentaram impedi-los de reconstruir, distraindo-os. Entretanto, a persistência deles foi recompensada e finalmente o projeto foi concluído. Uma das primeiras coisas que eles fizeram depois de terem atingido o objetivo foi celebrar! Esdras, o sacerdote, disse ao povo: "Disse-lhes mais: Ide, comei as gorduras, e bebei as doçuras, e enviai porções aos que não têm nada preparado para si; porque este dia é consagrado ao nosso Senhor. Portanto não vos entristeçais, pois a alegria do Senhor é a vossa força" (Ne 8:10, ARA).

Observe que o sacerdote disse a eles para se alegrarem. Era a coisa certa a fazer do ponto de vista espiritual. A festa foi aprovada por Deus, ou, o que é melhor, ela foi ordenada por Ele! Simplesmente imagine que Deus disse a eles para comerem gordura e açúcar! Isso soa como um dia para se comer biscoitos! Eles precisavam celebrar um trabalho bem feito. A celebração é parte da nossa recuperação. Ela nos restaura para o próximo projeto ou trabalho que temos de fazer. Você dedica tempo para celebrar quando termina um projeto, ou simplesmente dá início ao próximo? Se você não se recompensar de alguma maneira pelo seu trabalho árduo, estará perdendo parte do plano de Deus. Lembre-se, Ele recompensa aqueles que são diligentes (ver Hebreus 11:6).

Deus não apenas disse a eles que se divertissem, mas também que enviassem porções àqueles que estavam necessitados. Aprendi nos últimos anos através do estudo do amor de Deus que dar aos outros é uma das maneiras pelas quais podemos e devemos celebrar as nossas próprias vitórias. É uma forma de dizer: "Estou muito feliz com o que Deus fez por mim, e quero estender a mão e fazer alguém feliz também".

Ester foi usada por Deus para levar libertação aos judeus. Um homem mau chamado Hamã tinha um plano para destruí-los – mas Deus...! Deus tinha o Seu próprio plano e era um plano de libertação. Ele usou Ester e seu tio Mordecai para levar aquele plano maligno ao conhecimento do rei e através deles Deus efetuou a libertação dos judeus. Quando a vitória foi conquistada, os judeus se reuniram para celebrar. Eles queriam fazer isso e Deus queria que eles o fizessem. Mordecai relatou as coisas que haviam ocorrido porque faziam parte da história judaica que precisava ser transmitida aos descendentes deles. Ele também ordenou que os judeus guardassem anualmente o décimo quarto e o décimo quinto dia do mês de Adar, os dias da vitória deles, como um tempo de celebração e para memória do que Deus havia feito. Eles foram instruídos a se lembrarem de que a tristeza deles havia sido transformada em alegria e "o seu pranto, num dia de festa... dizendo que comemorassem aquelas datas como dias de festa e alegria, de troca de presentes e de ofertas aos pobres" (Et 9:22).

Ofertar é uma parte central do estilo de vida cristão, e devemos fazer isso com determinação e alegria. Deus nos deu Seu Filho Jesus como o melhor presente que Ele poderia dar, e em Jesus temos todas as outras coisas. Nele fomos abençoados com todas as bênçãos espirituais nas regiões celestiais (ver Efésios 1:3).

É a vontade de Deus que demos graças em todo o tempo e

em tudo (ver 1 Tessalonicenses 5:18). As ações de graças devem ter uma expressão para serem completas. Podemos dizer que somos gratos, mas será que demonstramos isso? Estamos expressando isso? Dizemos "obrigado", mas há outras formas de demonstrar apreciação e uma delas é dando às pessoas que têm menos que nós. Dar aos pobres é algo que é ordenado por Deus. É uma das maneiras pelas quais podemos manter um ciclo contínuo de bênção fluindo em nossas vidas. Deus nos dá e nós demonstramos gratidão dando a outra pessoa, e então Ele nos abençoa um pouco mais para que possamos fazer isso novamente.

A Bíblia deixa isto bem claro. Quando Deus abençoá-lo como prometeu, encontre um homem pobre e dê algo a ele. Não endureça o seu coração, mas abra as suas mãos com generosidade para os seus irmãos. Se você der a eles livremente e sem má vontade, o Senhor o abençoará em toda a sua obra e em tudo que você empreender (ver Deuteronômio 15:6-8, 15:10). O que damos aos outros como resultado da obediência a Deus nunca se perde. É algo que pode sair de nossas mãos temporariamente, mas nunca sai da nossa vida. Nós damos, Deus usa isso para abençoar alguém, e depois Ele o devolve a nós multiplicado. Gosto do modo como Deus faz as coisas, e você?

O que damos aos outros como resultado da obediência a Deus nunca se perde. É algo que pode sair de nossas mãos temporariamente, mas nunca sai da nossa vida.

Altares e Memoriais

Durante a Velha Aliança, os homens e mulheres de Deus costumavam construir altares e sacrificar animais ou grãos sobre eles como sinal exterior de sua gratidão interior. Como vimos, eles frequentemente estabeleciam feriados anuais nos quais deveriam comemorar e trazer à memória algo maravilhoso que Deus havia feito por eles. A Bíblia contém 396 referências a altares. Nós encontramos menções a eles de Gênesis a Apocalipse. Historicamente, eles sempre foram parte da adoração, do louvor e das ações de graças, e existirão até mesmo no Céu, de acordo com o que o apóstolo João viu e relatou no livro de Apocalipse.

Também encontramos várias referências a memoriais, que eram altares, prédios ou objetos permanentes que serviam como lembrança. Os memoriais também podiam ser um ou mais dias separados anualmente com o objetivo de lembrar alguma coisa. Altares e memoriais são figuras concretas que dão substância à nossa demonstração de gratidão. As pessoas costumam construir algum tipo de memorial como um objeto que servirá como lembrança dos seus entes queridos que se foram. Colocamos lápides em túmulos como memoriais. Damos prêmios, placas e troféus, que são objetos que nos ajudam a lembrar nossas vitórias. Somos seres espirituais, mas também temos almas e corpos, e precisamos ter objetos tangíveis como referência para nos lembrar das coisas.

Outra coisa que os israelitas faziam era escrever as coisas como um memorial do que Deus havia feito. Mantive um diário dos desafios e vitórias em minha vida por trinta e três anos. A Bíblia que tanto amamos e na qual baseamos a nossa vida é um memorial do que Deus fez por nós. Quando olhamos para a nossa Bíblia, ela imediatamente nos transmite uma série de mensagens. Talvez não dediquemos tempo para meditar em todas elas, mas por incrível que pareça, a presença de uma Bíblia pode trazer consolo até mesmo a pessoas que não conhecem uma palavra sequer do que está escrito dentro dela. A Bíblia nos lembra de que Deus existe e tem algo a nos dizer. Você já fez alguma anotação em sua Bíblia ao lado de um versículo que falou com você durante um determinado período de desafio ou alegria? Quando folheio minha Bíblia, vejo anotações nas margens, às vezes acompanhadas da data, e lembro-me exatamente do que estava passando quando aquele versículo falou ao meu coração. Ao relê-lo, estou visitando o memorial de um momento na vida em que Deus me tocou de uma forma especial.

Creio firmemente que dizer "obrigado" é bom, mas fazer algo palpável, pelo menos em uma parte do tempo, é ainda melhor.

> Entrem por suas portas com ações de graças, e em seus átrios, com louvor; dêem-lhe graças e bendigam o seu nome.
>
> Salmo 100:4

Observe que o Salmista sugeriu que entrássemos com louvor (palavras) e com ações de graças (algo palpável). Quando nos reunimos na igreja, ofertar faz parte da nossa adoração. É uma forma palpável de dizer: "Deus, realmente sou grato por tudo que fizeste por mim". Ofertar é uma forma de celebrar a bondade de Deus. Por que não tomar a decisão de ser generoso como você nunca foi em sua vida? Você não pode dar mais do que Deus porque Ele usará a sua oferta, abençoará alguém com ela, e a trará de volta para você multiplicada. O que você dá pode estar perdido temporariamente, mas jamais sairá da sua vida. Dar gera alegria para nós e bênção para os outro

Um Momento
para Recordar

Costumo dizer que acho que esquecemos o que devíamos lembrar e nos lembramos do que devíamos esquecer. Jesus repreendeu os discípulos em uma de suas viagens porque eles se esqueceram de um milagre que Ele havia feito. Eles iniciaram uma viagem e de repente se lembraram de que não haviam levado pão suficiente. Eles só tinham um pão e isto não seria nem de longe o bastante. Logo Jesus começou a ensinar-lhes a tomarem cuidado e a se precaverem contra o fermento dos fariseus e de Herodes. Naturalmente Jesus estava falando que eles deviam se precaver contra o engano, mas os discípulos conjecturaram entre si imaginando que Ele estava falando sobre o fato de terem esquecido o pão, como se aquilo pudesse fazer com que Jesus ficasse preocupado. Então Ele começou a repreendê-los, perguntando se eles haviam se esquecido de como Ele alimentara cinco mil pessoas com cinco pães. Eles haviam se esquecido de outro milagre impressionante, quando Ele alimentou quatro mil pessoas com sete pães? Se tivessem se lembrado, não estariam preocupados em sentir fome por não terem levado pão suficiente.

Se nos lembrássemos dos milagres que Deus fez em nosso passado, não cairíamos tão facilmente nas garras da preocupação e do medo quando temos novos desafios a enfrentar. Quando Davi estava enfrentando Golias e ninguém o estava incentivando, ele se lembrou do leão e do urso que já havia vencido com a ajuda de Deus. Por se lembrar do passado, ele não teve medo da situação atual.

> **Se nos lembrássemos dos milagres que Deus fez em nosso passado, não cairíamos tão facilmente nas garras da preocupação e do medo quando temos novos desafios a enfrentar.**

Você está enfrentando algo neste instante que cresce à sua frente como um gigante em sua vida? É uma enfermidade ou um problema financeiro? São problemas de relacionamento? É alguma coisa que você nunca fez antes e você não sabe por onde começar? A verdade é que não importa o que seja, porque nada é impossível para Deus. Pare por um instante agora e lembre-se de algumas situações que Ele o ajudou a vencer no passado. Pense nessas coisas e fale sobre elas, e você descobrirá que a coragem encherá o seu coração.

Sofri abuso por aproximadamente quinze anos. Meu primeiro marido me abandonou quando eu estava grávida e foi viver com outra mulher. Tive câncer no seio em 1989; precisei fazer uma histerectomia. Sofri com enxaquecas durante dez anos. Fui abandonada pelos amigos, mentiram para mim, fui roubada e falaram de mim de maneira falsa e impiedosa, mas Deus tem sido fiel e ainda estou aqui com um bom relatório e estou usando a minha experiência para ajudar outros. Sei que muitos de vocês têm o mesmo tipo de testemunho. Para a nossa própria preservação, precisamos definitivamente nos lembrar, recontar e recordar os poderosos feitos de Deus por nós e pelos outros.

Você está enfrentando algo neste instante que cresce à sua frente como um gigante em sua vida?

Uma festa geralmente comemora uma ocasião especial ou um acontecimento importante como um aniversário, uma aposentadoria ou uma realização especial. Embora esses memoriais sejam necessários e bons, os melhores são quando nos lembramos da intervenção de Deus no passado, salvando-nos da destruição. Eles nos enchem de fé e esperança renovadas, e nos dão coragem. Não é de admirar que Deus diga que Ele deve ser lembrado de geração em geração.

Deus disse aos israelitas para se lembrarem de que haviam sido escravos no Egito, e para se lembrarem de todos os milagres que Ele havia feito ali para convencer Faraó a deixá-los partir. Ele disse que não deveriam temer seus inimigos, mas se lembrar do que Ele fez a Faraó e a todo o Egito (ver Deuteronômio 7:18). Ele lhes disse para se lembrarem de todos os caminhos pelos quais Ele os havia conduzido no deserto para humilhá-los e prová-los, e para ver se eles guardariam os Seus mandamentos ou não (ver Deuteronômio 8:2). Eles deveriam se lembrar das dificuldades ao longo do caminho e dos poderosos feitos de Deus ao libertá-los. Quando tinham sede Ele tirava água da rocha, e quando tinham fome Ele fazia chover maná do céu como alimento todas as manhãs. Os sapatos e as roupas deles não se desgastaram por quarenta anos. E por falar em precisar de roupas novas – aquelas devem ter sido as mais modernas!

Jesus disse aos Seus discípulos e a todos os que um dia viriam a crer Nele que participassem da Santa Ceia como uma maneira de lembrarem a Sua morte e ressurreição. Ele disse que o pão era o Seu corpo partido e que o vinho era o Seu sangue. Quando compartilhou o pão e o vinho com os Seus discípulos na última ceia, Ele disse: "Façam isto em memória de Mim". Foi algo estabelecido como um sinal exterior de uma fé interior, e é algo muito importante que também devemos fazer.

Não participe da Santa Ceia apenas uma vez por mês, ou com a frequência que você está acostumado a fazê-lo, apenas como um ritual, mas aproveite o momento para lembrar o que Jesus fez na cruz. Não saia simplesmente para jantar no seu aniversário de casamento, mas aproveite o momento para falar sobre os anos que você e seu cônjuge passaram juntos. Conversem sobre os tempos difíceis e sobre os bons tempos. Quando mais um ano se passar e for seu aniversário novamente, não deixem que a data passe sem se lembrarem das coisas que vocês realizaram na vida, dos amigos que tiveram, e dos momentos em que riram tanto que a barriga de vocês doeu. Recentemente, em meu jantar de aniversário, meu filho disse: "Vamos contar histórias". Eu sabia o que ele queria dizer, porque já fizemos isto antes, e esses momentos se transformaram nas nossas melhores noites juntos.

Perguntei a ele sobre os momentos de seus anos de crescimento de que ele mais se lembrava, e ele relembrou diversos eventos. Alguns eu havia esquecido, outros eu nunca conheci; já havia ouvido alguns deles antes, mas todos eram comoventes e valiam a pena ser lembrados. Dave e eu compartilhamos coisas de que nos lembrávamos sobre ele e, quando a noite terminou, de algum modo nós nos sentimos mais próximos. Ele até me enviou uma mensagem de texto no dia seguinte dizendo que a noite que ele e sua esposa haviam passado conosco havia sido o máximo. Acredite em mim, quando você está na casa dos sessenta anos e tem um filho na casa dos vinte que lhe diz que o tempo que passou com você foi o máximo – isso é algo a ser lembrado! Ria muito com seus filhos. Eles querem que você seja divertido. Evite encontrar algo errado no jeito de vestir ou no penteado deles, ou no que escolhem para comer. Quando tiver um tempo com seus filhos adultos, transforme-o em uma festa. Você teve a primeira parte da vida deles para corrigi-los, agora é a vez de Deus. De agora em diante, você precisa desfrutá-los.

Existem cerca de 161 referências à palavra "lembrar" em uma concordância bíblica, sessenta e duas à palavra "lembrou" e quatro à palavra "lembrando". Existem sessenta e cinco referências à palavra "esquecer", e a maioria delas nos lembra que não devemos esquecer o que Deus fez e como Ele nos libertou no passado.

Há momentos para se esquecer e coisas para se esquecer. Por exemplo, quando o apóstolo Paulo disse que esquecia o que ficava para trás, ele estava falando sobre não ser condenado pelos erros passados (ver Filipenses 3:13). Em Isaías somos ensinados a não nos lembrarmos seriamente das coisas passadas porque Deus está fazendo uma coisa nova. O que essa mensagem significa é que não devemos ficar presos no passado sem nunca querer ou estar prontos para mudar. Ouvimos muitos ensinamentos sobre esquecer o passado e, embora haja momentos em que devemos fazer isso, também devemos ser ensinados a nos lembrarmos do passado e transmiti-lo às futuras gerações.

A História é a História Dele

Qualquer livro de história é simplesmente um relato do que aconteceu no passado. Nos Estados Unidos, estamos descobrindo agora que os livros de história foram revisados e que a maioria das referências a Deus foram retiradas. A nossa verdadeira história já não está mais disponível com facilidade, e isso é trágico. Os livros de história que se encontram nas escolas públicas foram escritos sem referências a Deus e à Sua Palavra, de forma que na verdade o que é ensinado aos alunos não é absolutamente a verdadeira história. Os

Estados Unidos da América foram fundados por homens e mulheres de Deus, sobre a Palavra de Deus.

A nossa constituição e os nossos livros de Direito foram baseados na Palavra de Deus. Os prédios governamentais da nossa capital têm a Palavra de Deus gravada nas paredes e nas pedras fundamentais. Os Estados Unidos são um grande país porque tem sido uma terra fundamentada em Deus, mas se os humanistas conseguirem o que querem e tiverem êxito em retirar da memória o que Deus fez aqui, então ele será destruído ou no mínimo se tornará um país no qual não teremos orgulho de viver. (O nosso ministério possui disponíveis livros de História Norte-americana que contêm a verdadeira herança cristã do nosso país).

O diabo está usando pessoas ímpias para impedir que os norte-americanos e o mundo se lembrem do que Deus fez no nosso passado. O crescimento, o poder, a riqueza, e o gênio criativo impressionantes que tivemos em um período tão curto nos Estados Unidos não foi nada menos do que espantoso, e foi tudo por causa de Deus. O homem não deve tentar empurrar Deus para fora e ficar com o crédito para si, por que se fizer isso, o resultado pode ser algo de que, na verdade, não vamos querer nos lembrar.

A Bíblia é um livro de história que conta a história de Deus, e Ele advertiu que ninguém deveria acrescentar ou retirar nada dele. Uma pessoa que decide alterar um livro de história não altera a história, mas impede que as pessoas a conheçam. Se não sabemos de onde viemos, geralmente não sabemos que direção tomar ao avançarmos. Se a nossa história foi boa, podemos repeti-la e se ela foi má, podemos evitar repeti-la. A História, seja boa ou má, é educativa. A maioria de nós quer saber o que aconteceu no passado. Gostamos de ouvir as histórias das pessoas, que é a História delas. Gostamos de ir a museus e de ver filmes sobre guerras passadas e acontecimentos trágicos como o naufrágio do *Titanic* ou Hitler e o Holocausto. Estamos interessados simplesmente porque é história e, como tal, é parte de nós. Nós nos sentimos mais completos quando conhecemos a nossa história.

A Internet oferece sites que ajudam as pessoas a estabelecerem suas árvores genealógicas, e muitas vezes me perguntei se tenho algum pregador ou ministro na minha linhagem sanguínea. Será que existe algum homem ou mulher que fez grandes coisas, algum escritor ou inventor? A história nos convida a cavar e descobrir o que ela esconde.

A maioria de nós nasceu com curiosidade. Gostamos de investigar um mistério e a história está cheia de mistérios. Sei que eu, por exemplo, fico impressionada quando leio sobre as batalhas que os israelitas lutaram, e sobre a variedade de formas como Deus os livrou. Conhecer a história aumenta a nossa fé de que se Deus fez isso uma vez, Ele pode fazer de novo.

Se não transmitirmos a verdadeira história de Deus às próximas gerações, será trágico. Só a verdade pode libertar as pessoas. Conte a seus filhos tudo que puder sobre Deus. Conte histórias bíblicas a eles e ajude-os a se lembrarem das grandes coisas que Deus fez. Quando celebrar o Natal e a Páscoa (e também o Dia de Ação de Graças aqui nos Estados Unidos), certifique-se de usar essas datas como uma oportunidade para ensinar a seus filhos e para lembrar a si mesmo o que elas realmente significam. O Natal é o dia em que celebramos o nascimento de Jesus Cristo. Nós O honramos dando presentes uns aos outros. Historicamente as pessoas dão mais aos pobres na época de Natal do que em qualquer outra época do ano. O Natal é um feriado cristão, mas muitas pessoas que o celebram não possuem nenhuma crença religiosa específica. Ele é somente um dia em que se reúnem com a família, vão a festas com os amigos do escritório, e dão e recebem presentes, mas elas não têm nenhuma compreensão do que realmente significa aquela data. Não queremos nos permitir cair na armadilha de guardar tradições que perderam o significado.

O *Thanksgiving*, um feriado norte-americano conhecido como Dia de Ação de Graças, não é apenas um dia para se comer peru e torta de abóbora. Ele foi um dia separado originalmente para lembrarmos e agradecermos a Deus pelo que Ele fez protegendo os homens e mulheres pioneiros que vieram para os Estados Unidos para fugirem da perseguição religiosa na Europa. Foi um tipo de celebração da colheita como aquele que Jesus celebrava; um dia para dar graças pelas colheitas que eles puderam ter. Devemos sempre dedicar um tempo no dia de Ação de Graças para realmente agradecer, e deve ser uma oração que leve mais de trinta segundos. Sugiro que as pessoas se sentem em grupo com a família ou os amigos e permitam que cada pessoa compartilhe algo em particular que aconteceu no ano passado e pelo qual é grata, assim como sua gratidão em geral.

A Páscoa é a celebração da ressurreição de Jesus Cristo e não deve estar focada em sair à caça de ovos coloridos e encontrar cestas cheias de chocolate entregues por um coelho. Não sou contra o coelhinho da Páscoa nem contra a caça aos ovos de Páscoa, mas precisamos definitivamente dizer a nossos filhos o que esse feriado realmente representa. Estes e outros feriados especiais foram instituídos como memoriais, ou formas de nos lembrarmos das grandes coisas que Deus fez no passado, portanto, vamos nos certificar de que nos lembremos disso. Antes de se sentar para uma refeição com a família na Páscoa, por que não pegar a sua Bíblia e ler a história da ressurreição e fazer uma oração especial de gratidão pelo que Deus fez por nós através de Cristo?

Lembre-se de que Deus Se Lembra

Quando nos lembramos de que Deus Se lembra de nós, isso aumenta a nossa fé. Ele promete nunca nos deixar ou nos abandonar. Ele está de olho em nós o tempo todo. Ele Se lembra de todas as nossas orações. Ele mantém nossas lágrimas em um odre, e não esquece o clamor do humilde, do pobre e do aflito (ver Salmos 56:8 e 9:12).

Ontem mesmo, falava com um homem cuja esposa morreu de câncer aos trinta e nove anos, deixando-o com quatro filhos e o coração partido. Ele compartilhou como achava que não conseguiria seguir em frente, até que leu o Salmo 121, que o lembrou de que Deus é o Seu Protetor.

> Ele não permitirá que você tropece; o seu protetor
> se manterá alerta.
>
> SALMO 121:3

> O Senhor protegerá a sua saída e a sua chegada,
> desde agora e para sempre.
>
> SALMO 121:8

Este homem precisava ser lembrado de que embora tivesse passado por uma tragédia, Deus não havia se esquecido dele. Deus estava cuidando dele e o capacitaria para fazer o que precisava ser feito. Deus o fortaleceria.

Pouco tempo depois, ele conheceu uma mulher maravilhosa que também havia passado por uma tragédia em seu casamento. Eles se apaixonaram, casaram-se e juntos criaram seus sete filhos. A tragédia não é o fim da vida, mas pode ser um novo começo. Talvez nunca entendamos por que algumas coisas acontecem do modo que acontecem, mas independente do que aconteça, Deus ainda é Deus e Ele não Se esqueceu de você.

Deus perdoa e Se esquece dos nossos pecados (ver Hebreus 10:17), mas Ele nunca Se esquece de nós.

Celebre Quem Você é e o Que Você Tem

Você tem o hábito de olhar para o que não é e para o que não tem, ou treinou a si mesmo para ver quem você é, o que você pode fazer e os recursos que tem disponíveis no momento? Precisamos aprender a nos identificar com Cristo e a reconhecer as coisas boas que temos em nós.

> Oro para que a comunhão que procede da sua fé seja eficaz no pleno conhecimento de todo o bem que temos em Cristo.
>
> FILEMON 1:6 KJV

Temos facilidade em formar o hábito de reconhecer as coisas más que fazemos, porém, de acordo com este versículo, precisamos reconhecer as coisas boas em nós através de Cristo Jesus para que a nossa fé seja eficaz.

O apóstolo Paulo orou para que tivéssemos espírito de sabedoria e revelação no conhecimento de Deus e do Senhor Jesus Cristo, para que os olhos do nosso coração sejam inundados com luz, para que possamos conhecer a esperança do Seu chamado e as riquezas da glória da herança que é nossa. Ele também orou para que conheçamos a extrema grandeza do poder de Deus para conosco, que cremos Nele (ver Efésios 1:7-19).

É muito importante termos espírito de sabedoria e revelação para que possamos conhecer estas três coisas: Número um, para que possamos ter o conhecimento de Deus, ou para que possamos conhecer o próprio Deus. Este conhecimento não se adquire através da educação, mas é um conhecimento adquirido através de revelação. É um conhecimento que nos é revelado pelo próprio Deus. Número dois, que possamos conhecer a esperança do nosso chamado, que representa o plano eterno de Deus e como nós nos encaixamos nele. Deus quer ter uma propriedade e nós somos essa propriedade Nós somos a família que Ele deseja. Precisamos saber que Deus está nos chamando para sermos Seus filhos e filhas, e que, como tal, temos uma herança. Uma herança entra em vigor quando aquele que dá a herança morre, portanto, a partir da morte de Jesus, precisamos entender que temos uma herança. Não estamos querendo uma herança, mas temos uma herança agora! O número três é o conhecimento da revelação do poder de Deus que está disponível para nós. Podemos fazer qualquer coisa que Deus nos peça para fazer por causa da grandeza do Seu poder para conosco. Paulo afirma que este poder do qual estamos falando não pode ser medido; ele é ilimitado e ultrapassa até a maior coisa que possamos imaginar. Quantos de nós nem sequer começamos a conhecer este poder? Se este poder já está disponível para nós, então por que tantos filhos de Deus vivem vidas destruídas, cheias de depressão, desânimo e desespero? Não devemos ter medo de fazer estas perguntas se quisermos encontrar as respostas.

Conheça a Deus Verdadeiramente

Quão maravilhoso é o fato de podermos conhecer ao Deus do Universo! Os atenienses construíram um altar ao Deus desconhecido (ver Atos 17:23). Com toda a educação, raciocínio e filosofias que possuíam, ainda assim eles não puderam compreender Deus. A Bíblia nos ensina que a vida eterna é conhecer a Deus.

> Esta é a vida eterna: que te conheçam, o único Deus verdadeiro,
> e a Jesus Cristo, a quem enviaste.
>
> João 17:3

Quando Paulo orou pelos Efésios, eles conheciam a Deus e tinham a vida eterna, mas ainda assim Paulo orou para que eles tivessem sabedoria e revelação com relação ao conhecimento de Deus. Eles ainda precisavam conhecê-lo mais. Conhecer a Deus é algo progressivo e deve ser buscado. Paulo compartilha o seu mais profundo desejo conosco em Filipenses. Dedique um tempo para digerir esta passagem da Bíblia:

> Quero conhecer Cristo, o poder da sua ressurreição e a participação
> em seus sofrimentos, tornando-me como ele em sua morte.
>
> Filipenses 3:10

Há uma grande diferença entre saber coisas sobre Deus e conhecer a Deus. Quando realmente conhecemos a Deus, também experimentamos (conhecemos) o Seu poder. Paulo era um homem determinado e entendeu que o conhecimento que buscava seria uma busca que duraria por toda a vida. Ele sabia que atingir esse conhecimento não era algo a ser alcançado pelo raciocínio ou por meio do aprendizado que se pode obter nos livros, mas que tinha de ser dado por meio da revelação de Deus e que seria adquirido progressivamente ao longo de sua vida. Felizmente, Deus é tão profundo que nunca conheceremos tudo sobre Ele que há para se conhecer. Somente quando formos para o Céu é que conheceremos como somos conhecidos, assim como Ele nos conhece agora (ver 1 Coríntios 13:12).

Entristece-me quando as pessoas igualam o Cristianismo a simplesmente frequentar a igreja e nada mais. Na igreja somos ensinados sobre Deus, mas um relacionamento pessoal e íntimo com Ele através de Jesus Cristo requer muito mais do que uma ida semanal à igreja. Para conhecê-lo precisamos ter fome do tipo de conhecimento que só pode vir do próprio Deus através da revelação. É um conhecimento que vai além do que pensamos, vemos, ou sentimos. É um conhecimento interior de Deus que não pode ser tirado de nós através de nada nem de ninguém. Quando temos esse conhecimento interior, nada exterior pode nos influenciar contra a nossa fé em Deus. Não precisamos mais de evidências para proteger a nossa fé. Confiamos em Deus do mesmo modo se Ele não nos der o que queremos como confiaríamos se Ele nos desse. Não precisamos sentir ou ver, porque sabemos. Jó disse: "Eu sei que o meu Redentor vive" (Jó 19:25). Embora Jó tenha passado por dificuldades inimagináveis e por coisas aparentemente injustas, ele conhecia a Deus, e o seu conhecimento o fez passar pelas dificuldades e o levou a um novo nível de vitória e bênção. Muitos cristãos vivem segundo os seus sentimentos. Se eles se sentem alegres e felizes, então dizem que Deus os está abençoando; por outro lado, se eles se sentem mal, frios ou desanimados, então podemos ouvi-los dizer: "Onde está Deus hoje?" Se a oração deles não é atendida como querem, eles perguntam onde Deus está. Quando as Torres Gêmeas explodiram em 11 de setembro na cidade de Nova Iorque, um repórter perguntou: "Onde estava Deus quando tudo isso aconteceu?" Se esse repórter conhecesse a Deus, ele nunca teria feito essa pergunta.

Se tivermos o verdadeiro conhecimento de Deus, não ficaremos perturbados com nenhuma visão científica, nem com qualquer teoria da evolução, nem com as chamadas contradições entre as versões bíblicas. Chegamos ao perfeito descanso de que Deus é, e sabendo isto, sabemos que nada mais importa. Não sentimos necessidade de explicar as coisas porque sabemos aquilo que não pode ser explicado com palavras. Paulo disse que ele viu coisas quando teve visões do Céu que ele não podia explicar. Os homens sempre querem explicar Deus, mas se O conhecemos realmente, então a primeira coisa de que abrimos mão é tentar entendê-lo ou explicá-lo. A pessoa que sabe espiritualmente não tem necessidade de compreender mentalmente.

Ore diariamente para ter espírito de sabedoria e revelação para que você possa conhecer a Deus e ao Seu Cristo, o Messias, o Ungido. Celebre o fato de você conhecer a Deus, de ser um ser eterno e de estar progressivamente conhecendo-O melhor a cada dia. Que bênção incrível é conhecer a Deus. Isso deveria nos fazer cantar, dançar, bater palmas e gritar de alegria. Celebre o fato de ter entrado na festa de Jesus!

Conheça o Chamado e a Herança de Deus

Deus quer que saibamos qual é o Seu plano e propósito eterno. Ele quer que conheçamos a esperança do nosso chamado. Ele nos escolheu Nele para sermos santos, para vivermos perante Ele sem culpa e em amor. Este é o chamado de Deus e ele é realmente grande. Como podemos atender a tal chamado se somos cheios de fraquezas, incapacidades, e de tendências à tentação? Como podemos ser tão imperfeitos e ainda assim termos a esperança de sermos santos? Isso é algo lindamente simples quando temos a revelação. Somos feitos santos em Jesus Cristo e podemos erguer nossas vozes e confessar em alta voz: "Sou santo em Jesus Cristo, sou inculpável e perfeito Nele". Quando o crente chega ao ponto de conhecer por revelação qual é o seu *direito agora*, ele põe um fim à busca incansável por algo, porque agora ele sabe que já o possui! Está consumado! Está feito! Ele o possui! Então ele pode facilmente se tornar aquilo que acredita que é. É extremamente importante que toda pessoa entenda o que acabo de dizer nas últimas seis frases, por isso peço que você as releia. Precisamos entender o que temos agora, do contrário passaremos nossas vidas lutando para obter algo que tem sido nosso o tempo todo.

Durante muitos anos, tentei amar as outras pessoas, mas não tinha a revelação de que Deus me amava e de que eu estava cheia do amor de Deus (ver Romanos 5:5). Foi fácil para mim dar amor quando entendi que eu já o tinha, mas enquanto fiquei paralisada tentando alcançar algo que eu já tinha, fui incapaz de dá-lo. Não podemos dar o que não entendemos que já temos! Não é de admirar que o apóstolo Paulo tenha orado para que a igreja de Éfeso soubesse o que eles tinham herdado em Cristo. Talvez o motivo pelo qual tenhamos dificuldade em aceitar que a santidade, a paz, a alegria, a justiça, a redenção, a libertação, a sabedoria, a vitória e literalmente centenas de outras bênçãos são nossas neste instante seja a maneira como vemos a nós mesmos. Geralmente olhamos para nós mesmos como simples seres humanos em vez de nos vermos como filhos de Deus. Precisamos ver o que Deus vê. Precisamos olhar com os olhos da fé. Talvez pensemos que as coisas prometidas serão nossas depois que mudarmos e nos comportarmos melhor, e assim continuamos tentando melhorar e tragicamente nunca aprendemos a ir como estamos.

Você é Convidado para a Festa do "Venha Como Está"

Uma das primeiras coisas que perguntamos quando somos convidados para uma festa é "Como devo me vestir?" A maioria de nós gosta mais quando sentimos que podemos ir como estamos. Gostamos quando podemos relaxar e sermos nós mesmos. Observei esta passagem há pouco tempo e pensei no quanto ela é maravilhosa, e que grande mensagem de aceitação ela traz:

> É por intermédio Dele que temos recebido graça (favor imerecido de Deus) e [nosso] apostolado para promover a obediência à fé e fazer discípulos por amor do Seu nome entre as nações. E isto inclui você, chamado por Jesus Cristo e convidado [como está] para pertencer a Ele.
>
> ROMANOS 1:5-6, AMP

Se você pulou a passagem anterior, volte agora e leia-a, observando especialmente o fato de que você é convidado como está. Deus trabalhará em você pelo Seu Santo Espírito e o ajudará a se tornar tudo que precisa ser, mas você pode vir como está. Não precisa ficar de longe apenas ouvindo a música da festa, você é convidado a participar.

Você tem alegria e paz hoje. Você é redimido, aceito e justificado por Deus. Você é! Você não "será algum dia". Fomos destinados a ser moldados à Sua imagem e nada pode impedir isto se simplesmente aceitarmos quando Ele nos convidar. Não temos de nos consertar primeiro. Não precisamos vestir um comportamento religioso e usar o nosso tom de voz religioso.

A nossa visão de Deus, de nós mesmos e do Seu plano para nós é pequena demais. Deus quer que saiamos da pequenez e vejamos a grandeza do Seu chamado e da nossa herança Nele. Quando herdamos uma coisa, isso significa que obtemos o que alguém trabalhou para ter. Jesus ganhou um prêmio para nós. Ele trabalhou por aquilo que herdamos, e tudo que podemos fazer é recebê-lo pela fé. Nada mais é necessário. Dave e eu deixaremos uma herança para os nossos filhos. Eles sabem disso e desfrutarão dela quando morrermos. Quando esse tempo chegar, eles não precisarão fazer nada senão receber e desfrutar daquilo que Dave e eu trabalhamos toda a nossa vida para transmitir a eles. Será que podemos receber pela fé o que Deus já fez por nós na cruz? Não devemos esperar que Ele faça alguma coisa, porque Ele já fez tudo que precisava ser feito. Precisamos ter conhecimento por meio da revelação do que Ele fez e que nos pertence neste instante. Um passo de fé colocará você no meio da maior herança que já foi transmitida de uma pessoa a outra. Esse passo de fé elimina o esforço e a frustração da vida. Como está escrito em 1 João 4:17, "...neste mundo somos como Ele...". Essa é uma boa notícia!

Precisamos de Visão

Não precisamos de mais nada, mas realmente precisamos de visão com relação ao que já temos. Precisamos de visão para fazer coisas maiores para a glória de Deus. Quando realmente conhecermos a Deus e reconhecermos a esperança do Seu chamado e a nossa herança, avançaremos para fazer coisas maiores. A pequenez já não nos satisfará mais porque sabemos que temos um grande Deus e um grande chamado.

Quando Deus Se revelou a Isaías, a primeira coisa que Isaías fez foi reconhecer a importância e o poder das palavras e o quanto muitas de suas palavras haviam sido vãs no passado (ver Isaías 6:1-5). Ele viu a santidade de Deus e teve uma revelação Dele que o levou a se arrepender por algumas coisas relacionadas às suas palavras. Talvez tenha sido a sua conversa fútil sobre Deus que lhe trouxe convicção de pecado.

Jesus perguntou a Pedro quem as pessoas diziam que o Filho do Homem era, e Pedro respondeu: "Alguns dizem que é João Batista; outros, Elias; e ainda outros, Jeremias ou um dos profetas". Então Jesus perguntou a Pedro: "E vocês? Quem vocês dizem que

Eu sou?" Deus está ouvindo o que dizemos sobre Ele, sobre nós mesmos, e sobre o Seu plano para as nossas vidas. Ele ouve para ver se O conhecemos e se conhecemos a nossa herança Nele. Pedro disse: "Tu és o Cristo, o Filho do Deus vivo" (Mt 16:13-16). Jesus prosseguiu dizendo a Pedro que aquele conhecimento lhe havia sido revelado por Deus.

As outras pessoas olhavam para Jesus naturalmente e raciocinavam se perguntando quem Ele seria. Como podemos ver pelas respostas deles, eles realmente não tinham um conhecimento preciso. Mas Pedro tinha revelação e Jesus disse a ele que sobre aquela revelação Deus edificaria a Sua igreja e as portas do interno não prevaleceriam contra ela.

Eu lhe digo verdadeiramente que quando conhecemos a Deus, conhecemos o Seu chamado e a Sua herança, e prosseguimos para conhecer o Seu poder, então as portas do inferno jamais podem prevalecer contra nós. Faremos grandes coisas e teremos vidas cheias de alegria, independente das circunstâncias.Viveremos em um constante espírito de celebração por causa do que sabemos em nosso coração.

Deixe-me Dizer a Você o Que Eu Sei

"Deixe-me dizer a você o que eu sei" normalmente seria uma afirmação cheia de orgulho, mas neste caso eu tenho um propósito. Quero lhe dizer o que sei sobre você e eu como cristãos, e vou fazer isso de cor, sem olhar nada na Bíblia.

Sei que *somos* filhos de Deus, e que *somos* chamados, ungidos e dirigidos por Ele para algo grande. *Fomos* destinados a glorificar a Deus e a sermos moldados à imagem de Jesus Cristo. *Temos* (não teremos) justiça, paz e alegria no Espírito Santo. *Somos* perdoados por todos os nossos pecados e os nossos nomes estão escritos no

Livro da Vida do Cordeiro. Jesus *foi* antes de nós para nos preparar um lugar, para que onde Ele está nós estejamos também.

Sei que Ele *enviou* o Seu Espírito Santo como nossa garantia das boas coisas ainda maiores que *estão* por vir, até que Ele volte para nós. Temos uma herança garantida, pois ela *foi* comprada com o sangue de Jesus. Temos uma nova aliança e nos é oferecido um novo modo de vida. *Fomos feitos* novas criaturas em Cristo, as coisas velhas *já passaram* e todas as coisas *se tornaram* novas. Podemos deixar para trás os erros passados e avançar em direção ao alvo da perfeição. Sei que *Deus nos ama* com um amor eterno e incondicional e que a Sua misericórdia dura para sempre. Sei que todas as coisas são possíveis com Deus e que *podemos* todas as coisas através de Cristo que nos fortalece.

Sei que Deus nunca permite que venha sobre nós mais do que podemos suportar, pois Ele sempre oferece um escape, um lugar seguro onde podemos estar. Sei que *todas* as coisas cooperam para o bem daqueles que amam a Deus e que *são* chamados segundo o Seu propósito e que aquilo que o inimigo tenciona para o mal, Deus tenciona para o bem. Sei que Ele é o nosso Vingador, o nosso Redentor, e o nosso Restaurador. Ele faz novas todas as coisas.

Sei que Deus nunca permite que venha sobre nós mais do que podemos suportar, pois Ele sempre oferece um escape, um lugar seguro onde podemos estar.

Não temos de nos preocupar porque Deus tem todo o poder no Céu e na terra e até debaixo da terra, e Ele tem tudo sob controle. Sei que Deus ouve e responde às nossas orações. Sei que Deus é o nosso Protetor e que *estamos* seguros. *Fomos* libertos do poder do pecado, *estamos* sentados nas regiões celestiais com Cristo Jesus e *nos tornamos* aceitáveis para Deus pela fé em Jesus.

A verdade é que eu poderia continuar por mais tempo, mas creio que a esta altura você já entendeu meu ponto de vista. Antes de saber estas coisas, eu não tinha poder, não tinha vitória e não tinha esperança, mas agora sei que o meu Redentor vive! Sei que devemos estar celebrando o que temos agora, porque realmente temos mais do que o suficiente em todas as áreas da vida! Todas estas coisas maravilhosas são nossas atualmente por meio da fé em Jesus Cristo. Nele somos novas criaturas; as coisas velhas já passaram e tudo se fez novo (ver 2 Coríntios 5:17). No capítulo anterior citei Filemon 1:6 na versão King James da Bíblia, mas dê uma olhada agora neste texto na versão da Amplified Bible:

> [E oro] para que a participação e o compartilhar da tua fé possam produzir e promover pleno reconhecimento e apreciação e entendimento e conhecimento preciso de todo bem que há em nós [identificando-nos] com Cristo Jesus [e para a Sua glória].
>
> FILEMON 1:6, AMP

Paulo orou para que os cristãos soubessem as boas coisas que lhes pertenciam no tempo presente, e essa é a minha oração por você também.

Paulo orou para que os cristãos soubessem as boas coisas que lhes pertenciam no tempo presente, e essa é a minha oração por você também.

Conheça o Poder de Deus

Na carta aos Efésios, Paulo orou para que conhecêssemos a extrema grandeza do poder de Deus para conosco. Deus é poderoso e qualquer pessoa que acredite Nele certamente crê nisso, mas a questão é:

será que acreditamos que o poder de Deus está disponível para nós e que ele existe para nós? Paulo falou do poder de Deus para conosco! Eu vivi em completa derrota durante os primeiros quarenta e poucos anos de minha vida, porque não sabia que tinha poder como cristã. Pensava que simplesmente tinha de suportar o que quer que atravessasse o meu caminho e tentar me virar como pudesse até morrer, quando finalmente iria para o Céu. Posso lhe dizer com certeza que uma vida como a que acabo de descrever não glorifica a Deus como fomos chamados para fazer. Precisamos conhecer o poder Dele para conosco!

Este é um poder que já foi dado. Em Lucas, Jesus disse: "Eis que vos tenho dado poder..." Não temos de nos esforçar para ter poder ou esperar ter poder algum dia – temos poder agora! O mesmo poder que ressuscitou Cristo dentre os mortos habita em nós (ver Romanos 8:11) e podemos ser despertados (cheios de vida) por esse poder. Não se trata de um enchimento que ocorre uma vez e depois lentamente vai se escoando à medida que os dias se passam, mas podemos ser cheios diariamente e até podemos experimentar a Sua presença e poder em nossas vidas a cada instante. O ponto de partida é crer! Precisamos crer no que Deus nos diz em Sua Palavra e precisamos crer nisso sem dúvida alguma. Mesmo que não nos sintamos poderosos, precisamos crer que temos poder, e fazer isso não é esforço se tivermos conhecimento por meio da revelação com relação ao poder de Deus para conosco.

O poder de Deus é realmente grande; é tão grande que a não ser que Deus abra nossos olhos espirituais (nos dê revelação) jamais conseguiremos captá-lo. Não temos meios de determinar o quanto o poder de Deus é grande, porque ele não pode ser medido e não tem limites. A boa notícia é que esse poder é *para conosco*. Esta boa notícia é tão empolgante que acho que sinto que uma festa se aproxima! Acho que preciso comer um biscoito ou comprar um par de sapatos para celebrar, porque sei que nunca serei deixada em uma situação onde esteja destituída de poder!

Isto é melhor do que conhecer o chefe da companhia de energia elétrica local. Preciso pagar pela energia elétrica que entra em minha casa, mas o poder pelo qual vivo foi pago por Jesus Cristo. Se a companhia de energia elétrica telefonasse e dissesse que fomos escolhidos para ter energia grátis pelo resto da vida, ficaríamos tão entusiasmados que em pouco tempo todos que conhecemos saberiam sobre a energia de que dispomos. Não teríamos que nos preocupar em desligar as luzes, nem em controlar o uso do chuveiro elétrico. E se a companhia de energia nos fornecesse energia mesmo durante uma tempestade? Não teríamos necessidade de temer as tempestades. Poderíamos olhar para as ruas escuras à nossa volta durante a tempestade, mas as nossas luzes e a nossa energia ainda estariam funcionando. É assim que funciona quando você está ligado ao poder ilimitado de Deus pela fé.

Estamos vivendo tempos difíceis e perigosos, mas as trevas não podem apagar a nossa luz porque temos acesso a um poder gratuito e ilimitado. Estou entusiasmada e sinto vontade de celebrar, por isso creio que vou fazer um intervalo em meu trabalho, preparar um maravilhoso café com leite para mim, abraçar minha cachorra e dar um grande beijo em meu marido!

Celebre Você

Estou de volta! O café com leite estava ótimo e o beijo também. Agora, precisamos falar sobre celebrar você, porque você é precioso, e definitivamente é alguém digno de uma celebração! Não posso escrever um livro sem lhe dizer o quanto você é maravilhoso e que grandes possibilidades você tem. Meu medo é que ninguém nunca tenha lhe dito isso, e eu simplesmente não posso deixá-lo passar mais um dia sem saber a verdade. Você foi feito de modo maravilhoso e assombroso, e foi criado com um propósito. Como crente em Jesus Cristo, você é a casa de Deus – sim, Deus vive dentro de você (ver Efésios 3:17).

Agora, precisamos falar sobre celebrar você, porque você é precioso, e definitivamente é alguém digno de uma celebração!

Ele investiu a Si mesmo em você e lhe deu talentos e habilidades que o habilitam para fazer certas coisas. Você é parte do plano e do propósito de Deus.

O Que Você Pensa de Si Mesmo?

Você já dedicou um tempo para refletir sobre o que pensa a respeito de si mesmo? Deus acha que você é especial e Ele celebra a sua existência o tempo todo. Qual é a sua atitude para consigo mesmo? Você é digno de ser celebrado? Na Bíblia, somos ensinados a cantar, gritar, nos alegrar e estar de bom humor porque Deus retirou a sentença que havia contra nós. Ele veio para viver em nosso meio e não precisamos temer. Por nos amar, Ele nem sequer menciona os nossos pecados passados, e Se alegra em nós com júbilo (ver Sofonias 3:14, 17).

**Deus acha que você é especial e Ele
celebra a sua existência o tempo todo.**

Estes versículos não dizem que Deus está sentado no Céu chorando e Se lamentando porque cometemos erros e não somos tudo que Ele esperava que fôssemos. Eles dizem que devemos estar com ótimo humor porque Deus nos ama e está cantando sobre nós. Para mim, isso soa como uma festa!

Quando uma ovelha perdida é encontrada, o pastor se alegra (ver Mateus 18:13), portanto, se você acaba de se tornar crente em Jesus ontem, Deus está se alegrando com você. Você pode ter demorado muito tempo até atingir a maturidade espiritual, e você pode ter muitos erros que precisam ser tratados, mas Deus ainda Se alegra com você. Ele está sempre feliz com a distância que já percorremos, independentemente do quanto ainda tenhamos que avançar. Deus sempre celebra o progresso!

Deus Está Sorrindo Para Você

Deus se agrada de você! Agora, antes que você decida rejeitar essa pequena boa notícia, deixe-me lhe dar alguma base bíblica para a minha afirmação. Em duas ocasiões diferentes, uma voz (a voz de Deus) veio do Céu dizendo que Ele Se agradava do Seu Filho Jesus (ver Lucas 3:22 e Mateus 17:5). A primeira vez que isso aconteceu foi no batismo de Jesus, e a segunda vez foi quando Ele e alguns de Seus discípulos estavam no Monte da Transfiguração. Ambos os acontecimentos foram importantes na vida de Jesus, e estou certa de que o que Deus disse tinha a intenção de enfatizar a celebração e encorajá-lO.

Você provavelmente está pensando o mesmo que eu pensei quando vi estas Escrituras pela primeira vez: "Posso entender que Deus tenha dito isso a Jesus porque Ele era perfeito". O Espírito Santo estava tentando usar estas Escrituras para me encorajar a deixar de pensar que Deus estava zangado comigo na maior parte do tempo e para que eu pudesse ousar acreditar que Ele na verdade estava satisfeito comigo. Como muitos cristãos que não possuem revelação, eu tinha a ideia errada de que todas as vezes que fazia algo errado, Deus estava franzindo a testa e ficando um pouco zangado comigo. Aquela havia sido a minha experiência com meu pai terreno e eu supunha que Deus era do mesmo jeito, mas estava errada. O Salmista Davi, o pequeno menino pastor que se tornou rei, acreditava que Deus se agradava dele e, no entanto, nós sabemos, com base nas Escrituras, que Davi estava longe de ser perfeito.

Ele me trouxe para um lugar espaçoso; livrou-me, porque estava satisfeito comigo e tinha prazer em mim.

SALMO 18:19, AMP

Esta afirmação também saiu da boca de Davi como parte de um cântico que ele cantou para Deus no dia em que o Senhor o livrou de todos os seus inimigos e das mãos de Saul (ver 2 Samuel 22:1). Imagine andar pela casa ou dirigir o seu carro cantando: "Deus tem prazer em mim e Ele se agrada de mim!" Duvido que muitos de nós tenhamos esse tipo de confiança, mas deveríamos ter. Davi também disse que Ele sabia que Deus o favorecia e tinha prazer nele porque os seus inimigos não haviam triunfado sobre ele (ver Salmos 41:11).

Talvez Davi fosse um pouco zeloso em excesso e tivesse algum problema com relação à sua postura. Afinal, quem teria a audácia de dizer que Deus estava satisfeito com ele? Mas também precisamos nos lembrar de que Deus disse que Davi era um homem segundo o Seu coração, portanto, isso significa que Ele gostava desta atitude ousada de fé. Esta pode ter sido uma das principais razões pelas quais Deus o escolheu e o ungiu para ser rei. Davi não era o único que falava assim. O apóstolo João também falou de si mesmo como sendo o discípulo a quem Jesus amava (a quem estimava e em quem tinha prazer) (ver João 13:23).

Depois de muitos estudos, finalmente tive de concordar com o Espírito Santo. Deus não está zangado conosco; na verdade Ele está satisfeito conosco e tem prazer em nós. Creio que Deus está sorrindo para nós neste exato instante! Ele nos vê em Jesus Cristo e através de Jesus Cristo. Você está pronto para reconhecer quem é em Cristo e cada boa coisa que pertence a você Nele? (ver Filipenses 1:6).

Creio que Deus está sorrindo para nós neste exato instante!

Deus deu palavras a Moisés para abençoar os israelitas. Observe estas palavras na versão Amplificada da Bíblia (traduzidas livremente para o português):

> O Senhor te abençoe, guarde e proteja; o Senhor faça resplandecer o Seu rosto sobre ti, te ilumine e seja gracioso (bondoso, misericordioso) para contigo; o Senhor volte para ti o Seu rosto [com a Sua aprovação] e te dê paz (tranquilidade no coração e na vida continuamente).
>
> NÚMEROS 6:24-26, AMP

Não deixe de observar a frase "o Seu rosto [com a Sua aprovação]". Deus está sorrindo para você!

Tive um pastor que dizia estas palavras para a congregação no encerramento de cada culto da igreja. O que aconteceria conosco se acreditássemos realmente que Deus está sorrindo para nós e que Ele nos aprova? Creio que isso acrescentaria um alto nível de confiança e ousadia que realmente são necessárias não apenas para desfrutarmos a vida, mas também para realizarmos a vontade de Deus. Se você tiver a coragem de começar a falar para si mesmo que Deus se agrada e tem prazer em você, posso lhe prometer que nas primeiras vezes você se sentirá constrangido. Você poderá até corar, mas também começará a andar em um novo nível de confiança, poder, paz e alegria.

Como costumo dizer, Deus não está satisfeito com todo o nosso comportamento, mas Ele Se agrada de nós se nós O amamos e queremos progredir. Quando fazemos confissões positivas, tais como estou sugerindo, não estamos falando do nosso comportamento, mas do nosso coração.

É Perigoso Ter Uma Boa Opinião a Respeito de Si Mesmo?

O orgulho é um pecado terrível, e somos instruídos pela Palavra de Deus e não pensarmos de nós mesmos além do que deveríamos. Somos ensinados a não termos uma opinião exagerada de nós mesmos (ver Romanos 12:3). Isso não significa que precisamos ter uma má opinião a nosso respeito, ou nos diminuirmos. Temos tanto direito de reivindicar o crédito por uma habilidade especial quanto por termos olhos azuis ou cabelos castanhos. Paulo escreveu aos Coríntios e perguntou a eles o que tinham que não tivesse vindo como um presente de Deus (ver 1 Coríntios 4:7).

Quando somos advertidos a não pensarmos de nós mesmos além do que convém, isso significa que precisamos entender que não somos nada separados de Jesus e que sem Ele não podemos fazer nada. O valor que temos encontra-se Nele. Na verdade, celebrar quem somos em Jesus é uma forma de celebrar o próprio Jesus.

Nós, porém, tornamos isto algo muito mais difícil do que o necessário. É simples – somos tudo em Jesus e nada em nós mesmos. Gosto de dizer "Sou um tudo/nada!". Celebramos por causa da obra maravilhosa que Deus faz em nós, e não por causa de qualquer valor que tenhamos em nós mesmos. Enquanto continuarmos dando a Deus a glória por qualquer coisa boa que manifestemos, estaremos no caminho seguro e certo.

Por alguma razão, a religião ensinou às pessoas que para serem santas elas precisam ter uma opinião inferior ou até mesmo má a respeito de si mesmas, e creio que este tipo de pensamento causou um dano incalculável ao plano de Deus.

Por alguma razão, a religião ensinou às pessoas que para serem santas elas precisam ter uma opinião inferior ou até mesmo má a respeito de si mesmas, e creio que este tipo de pensamento causou um dano incalculável ao plano de Deus. Acredito que desde que saibamos que somos inferiores a Deus e que Ele é sempre o nosso Chefe e Superior, estamos seguros. Reflita nestes versículos:

> Pergunto: Que é o homem, para que com ele te importes? E o filho do homem, para que com ele te preocupes? Tu o fizeste um pouco menor do que os seres celestiais e o coroaste de glória e de honra. Tu o fizeste dominar sobre as obras das tuas mãos; sob os seus pés tudo puseste.
>
> SALMO 8:4-6

Sim, somos inferiores a Deus, mas Ele nos coroou com honra e glória. Você tem uma atitude de honra para consigo mesmo, ou uma atitude de desrespeito? Fomos feitos à imagem de Deus (ver Gênesis 1:26) e Ele nos deu autoridade sobre todas as demais obras das Suas mãos. Deus quer trabalhar em parceria conosco para realizar o Seu propósito na terra, e não podemos fazer isso se não mantivermos uma atitude adequada para com nós mesmos.

Sugiro que você diga em voz alta diariamente: "Não sou nada sem Jesus, mas Nele e por Ele tenho valor e posso fazer grandes coisas".

....

Você tem uma atitude de honra para consigo mesmo, ou uma atitude de desrespeito?

....

Não creio que seja perigoso ter uma boa opinião a respeito de si mesmo (em Cristo), mas creio que *seja perigoso não tê-la*. A verdade é que você não pode se elevar acima do que pensa. Todos nós estamos limitados por nossos próprios pensamentos. Se pensamos pequeno, viveremos uma vida pequena. E se pensamos grande, viveremos uma vida grande. Deus quer que entendamos o quanto Ele é grande, e que sejamos ousados o bastante para termos pensamentos grandes. Deus não repreendeu Davi por ele ter pensado que podia matar Golias – Ele teve orgulho dele! Davi sabia que a sua vitória estava em Deus e não em si mesmo, mas era confiante e corajoso e se recusava a viver uma vida pequena.

Aquilo que a sua vida alcança está diretamente ligado ao que você pensa de si mesmo. Precisamos aprender a pensar como Deus pensa. Precisamos aprender a nos identificar com Cristo e com a nova pessoa que Ele nos criou para ser. Alguns se identificam com os problemas que tiveram na vida e se chamam por esse nome. Eles dizem "Sou divorciado. Sou falido. Sou vítima de abuso. Sou alcoólatra". Eles deveriam dizer: "Fui divorciado, mas agora sou uma nova criatura em Cristo. Fui vítima de abuso, mas agora tenho nova vida e nova identidade. Fui um alcoólatra, mas agora sou livre e tenho disciplina e domínio próprio". Ele tem um bom plano para cada um de nós, mas precisamos ter as nossas mentes renovadas (aprender a pensar de modo diferente) se quisermos um dia experimentar o que Jesus comprou com Sua morte e ressurreição.

....

Aquilo que a sua vida alcança está diretamente ligado ao que você pensa de si mesmo. Precisamos aprender a pensar como Deus pensa.

....

Nas Escrituras, Deus usa palavras como "belo", "honrado", "valorizado" e "precioso" quando está falando do Seu povo. Não há dúvida de que estamos longe de ser perfeitos, que temos erros e fraquezas. Cometemos erros e fazemos escolhas erradas, e muitas vezes nos falta visão, mas Deus é Deus e Ele nos vê da maneira que sabe que podemos ser. Ele nos vê como um projeto concluído enquanto estamos percorrendo o caminho. Ele vê o fim desde o começo, e não está preocupado com o que acontece nesse meio tempo. Ele não está satisfeito com o nosso pecado e com o nosso mau comportamento, mas nunca desistirá de nós e sempre nos encorajará a prosseguir. Deus acredita em você!

Este Tipo de Conversa Assusta Você?

Quando comecei a ver esse tipo de mensagem nas Escrituras, tive medo até mesmo de pensar assim, quanto mais de realmente crer nisto. Estava acostumada a pensar que era um terrível fracasso como pessoa, um verme desprezível que não merecia nada a não ser punição. Minha identidade se baseava totalmente no que eu fazia, e como isso não era algo muito impressionante, ficava com uma opinião negativa a respeito de mim mesma.

Tinha medo de ofender a Deus se ousasse ter um bom pensamento a respeito de mim mesma. Comparava os bons pensamentos a meu respeito com orgulho. Eu ouvira muitos sermões relativos ao perigo do orgulho e estava sempre tentando ser o que pensava ser alguém humilde. Eu me sentia segura desde que não ousasse ter um bom pensamento a meu respeito. Como disse anteriormente neste livro, "Eu não me sentia bem se não me sentisse mal".

Também preciso mencionar que a atitude negativa que tinha comigo mesma não era algo consciente. Eu vivia dessa forma simplesmente porque não sabia das coisas. Posso explicar isso agora e identificar esse comportamento como algo autodestrutivo, ímpio, errado e trágico, mas essa conclusão é resultado do conhecimento que tenho hoje da Palavra de Deus. Costumo perguntar às pessoas se elas já refletiram sobre o que pensam a respeito de si mesmas. A maioria das pessoas nunca pensou sobre isso e parece relutante em fazê-lo. Uma pessoa pode estar cheia de depreciação e ódio por si mesma, autocomiseração ou até orgulho e arrogância, e não saber disso. Simplesmente não pensamos no que pensamos a nosso respeito, mas precisamos fazer isso. Eu recomendo enfaticamente que você tenha uma reunião consigo mesmo e faça-se algumas perguntas pontuais com relação ao modo como se sente e pensa acerca de si mesmo. Você não pode tratar de um problema se nem sequer sabe que ele existe.

O diabo odeia livros como este porque eles trazem as coisas ocultas à luz. Satanás opera nas trevas, mas quando a luz entra e as obras dele são expostas, ele é facilmente derrotado. É hora de celebrar você! É hora de celebrar o seu progresso, os seus pontos fortes e as suas habilidades. É hora de você celebrar Deus em sua vida.

Aprenda a Viver do Lado da Ressurreição da Cruz

Precisamos viver no lado da ressurreição da cruz. Jesus foi crucificado e ressuscitado dentre os mortos para que pudéssemos não mais ficar presos ao pecado, vivendo vidas desprezíveis, miseráveis e infelizes. Muitas pessoas usam colares com um crucifixo, que é um símbolo de Jesus pendurado na cruz. Algumas vezes vemos um crucifixo em uma igreja com Jesus pendurado nele. Sei que isso é feito para lembrá-lo e honrá-lo, e não sou contra, mas a verdade é que Ele não está mais na cruz. Ele está assentado nos lugares celestiais com o Seu Pai e também nos elevou acima do baixo nível de pensamento e de vida da maioria das pessoas do mundo.

O apóstolo Paulo disse que estava determinado a conhecer Jesus e o poder da Sua ressurreição que o levantaria de entre os mortos (ver Filipenses 3:10). Jesus veio para nos elevar acima do que é comum, do nosso pensamento negativo, da nossa culpa, vergonha e condenação. Ele veio para levar o nosso pecado à cruz e derrotá-lo. O pecado não tem mais poder sobre nós porque fomos perdoados e a penalidade foi paga.

Em que lado da cruz você está vivendo: no lado da crucificação ou no lado da ressurreição? É bom e respeitoso lembrar que Jesus sofreu uma morte terrível por nós na cruz, mas também precisamos entender que Ele Se levantou dentre os mortos e tornou uma nova vida possível para nós. Existe uma canção bastante conhecida chamada "Porque Ele Vive", e ela fala sobre o fato de que a morte e ressurreição de Jesus nos dão o poder e o privilégio de vivermos a vida hoje em vitória. Porque Ele vive podemos amar a nós mesmos sem egoísmo, de uma maneira que nos capacita a sermos tudo que podemos ser para a glória de Deus. A única maneira que conheço para dizer isto é: adote uma nova atitude para consigo mesmo! Pare de pensar que os seus fracassos e erros são demais para Deus. Ele já lançou todos os seus pecados para trás Dele (ver Isaías 38:17). Ele não está olhando para eles e você precisa parar de olhar para eles também. Trate com eles em Cristo e siga em frente!

Celebre a Sua Vida

Como você se sente a respeito da sua vida? Você gosta dela, a ama e aprecia, ou você a odeia e gostaria de ter uma vida diferente do que a vida que tem? Você olha para as outras pessoas e para a vida delas e deseja ser e ter a vida que elas têm? Você gostaria de ter a aparência que elas têm, possuir o que elas possuem, ter a carreira ou a família que elas têm?

A Bíblia chama de cobiça querer o que os outros têm, e é algo proibido por Deus. Ele até inclui essa proibição nos Dez Mandamentos:

> Não cobiçarás a casa do teu próximo. Não cobiçarás a mulher do teu próximo, nem seus servos ou servas, nem seu boi ou jumento, nem coisa alguma que lhe pertença.
>
> ÊXODO 20:17

Você nunca terá a vida de qualquer outra pessoa, portanto, desejar isso é perda de tempo. Você também não terá a aparência de outra pessoa, portanto, aprenda a fazer o melhor que pode com o que você tem.

Adotei uma nova frase ultimamente e ela tem me ajudado muito a lidar com a realidade e não perder meu tempo ficando angustiada com coisas sobre as quais não posso fazer nada a respeito. Tenho dito: "É o que é!" De algum modo, isso funciona como uma constatação da realidade para mim, e rapidamente percebo que preciso lidar com as coisas como elas são, e não como eu gostaria que elas fossem.

Ninguém tem uma vida perfeita, e é totalmente possível que, se você deseja ter a vida de alguém, essa pessoa esteja ocupada desejando ter a vida de outra; talvez ela deseje ter a sua vida. Pessoas desconhecidas querem ser estrelas de cinema e estrelas de cinema desejam ter privacidade. O empregado comum quer ser o chefe e o chefe gostaria de não ter tanta responsabilidade. Uma mulher solteira quer ser casada e geralmente a mulher casada gostaria de ser solteira. O contentamento com a vida não é um sentimento, mas uma decisão que precisamos tomar. Contentamento não significa que nunca queremos ver mudanças ou melhoras, mas significa que faremos o melhor que pudermos com o que temos. Também significa que manteremos uma atitude que nos permita desfrutar o dom da vida.

Ninguém tem uma vida perfeita, e é totalmente possível que, se você deseja ter a vida de alguém, essa pessoa esteja ocupada desejando ter a vida de outra; talvez ela deseje ter a sua vida.

Se caminhássemos pela ala de oncologia de um hospital e perguntássemos a um paciente terminal se ele gostaria de ficar com a nossa vida imperfeita, ele provavelmente ficaria feliz em fazê-lo. Ele provavelmente não pensaria que os nossos problemas fossem algo para o deixar angustiado. Se colocarmos as coisas dentro da perspectiva correta, elas sempre parecerão melhores. Hoje, minhas costas estão doendo um pouco porque fiquei sentada na mesma posição durante dias trabalhando neste livro, mas a boa notícia é que posso andar e até tenho acesso a um comprimido de Tylenol. Fui a lugares na Índia e na África onde coisas tão simples como aspirina ou Tylenol seriam uma enorme bênção.

O Princípio do "Apesar disso"

Certa vez, li um livro que era inteiramente baseado na expressão "apesar disso". Ele ensinava o leitor a olhar para cada problema em sua vida com sinceridade e depois dizer "apesar disso", e encontrar alguma coisa positiva que compensasse esse problema e que o ajudasse a entendê-lo melhor. Seria algo mais ou menos assim: "Tenho muito trabalho árduo para fazer nas próximas duas semanas, apesar disso, depois o meu horário estará bem mais flexível, e poderei me divertir um pouco e descansar um pouco mais". Uma mãe pode estar cansada e dizer: "Meu filho sofre de Transtorno do Déficit de Atenção e está me deixando louca, apesar disso, eu tenho um filho, e conheço muitas pessoas que não podem ter filhos". Um pai que precisa trabalhar em dois empregos para segurar as pontas poderia dizer: "Estou tão cansado de trabalhar o tempo todo, apesar disso, sou grato por Deus ter me dado dois empregos".

Independente de quem somos ou de qual seja o nosso desafio na vida, há sempre um "apesar disso". Alguma coisa positiva para a qual podemos olhar ou sobre a qual podemos falar que nos faz colocar o resto de nossa vida dentro de uma certa perspectiva. Por que você não tenta fazer o mesmo? Na próxima vez que for tentado a reclamar da sua vida de alguma forma, vá em frente e verbalize a sua reclamação, e depois diga, "apesar disso", e encontre algo de positivo sobre a sua vida para compensar essa reclamação.

Apenas Algumas Reflexões

Se você acordou esta manhã com mais partes no corpo que não doíam do que aquelas que doíam, você é abençoado.

Se você tem alimento, roupas, e um lugar para viver, você é mais rico do que setenta e cinco por cento do mundo.

Se você tem dinheiro no banco, na sua carteira, ou algum troco em casa, você está entre os oito por cento das pessoas mais ricas do mundo.

Se você nunca passou pelos perigos de uma guerra, pela solidão de uma prisão, pela agonia da tortura, ou pelas dores da fome, você está acima de quinhentos milhões de pessoas no mundo.

Se você pode ler esta mensagem, você é mais abençoado do que dois bilhões de pessoas no mundo que não sabem ler.

Palavras Afetam o Humor

Uma coisa que tenho feito para me ajudar a manter uma boa disposição com relação à minha vida é dizer em voz alta: "Amo minha vida". As nossas palavras têm um efeito sobre o nosso humor, portanto é melhor dizer algo que ajude você a se sentir melhor do que alguma coisa que faça você se sentir triste ou zangado. A sua vida é o que é e, como dizem, a sua atitude para com ela pode levantar ou derrubar você.

Você pode permitir que o *ser feliz* se transforme em um desafio divertido. Veja quantos dias você consegue passar sem ficar de mau humor ou sem encontrar algo em sua vida do qual reclamar. Celebrar a vida é algo que devemos fazer intencionalmente, porque entendemos que grande dom ela é. Deus é vida (ver João 1:4), portanto, na verdade, quando celebramos a vida estamos celebrando Deus! Sem Ele não haveria vida alguma! Vá em frente e tente criar um humor melhor dizendo "Amo minha vida". Se você quer realmente se sentir bem, experimente isto: "Amo a Deus, amo a minha vida, amo a mim mesmo, e amo as pessoas".

Veja quantos dias você consegue passar sem ficar de mau humor ou sem encontrar algo em sua vida do qual reclamar.

Aprenda Quando
é Hora de Parar

Compartilhei em meu ensino que geralmente estudamos os passos de Jesus, mas deixamos de estudar as Suas paradas. Todos nós precisamos aprender quando parar. Jesus parava o que estava fazendo para ouvir as pessoas e ajudá-las. Ele parava para descansar, para jantar com amigos, para fazer vinho para um casamento, e para fazer muitas outras coisas simples, mas importantes. Um dos meus maiores problemas por muitos anos foi que eu simplesmente não sabia quando parar.

O quiropata que trata minha coluna me disse para parar a cada quarenta e cinco minutos quando estiver escrevendo; ele disse que devo me levantar e esticar os músculos de minhas costas para não sentir dor posteriormente. Mas quando o trabalho está fluindo, é muito difícil parar! Se não soubermos quando parar, sempre lamentaremos mais tarde. Na noite passada, deitei-me na cama com minhas pernas e pés doendo por causa de minhas costas, e isso poderia ter sido evitado se eu tivesse parado de vez em quando para fazer o que meu médico me havia dito para fazer. Não saber quando parar pode gerar todo tipo de dor em sua vida.

Quando Jesus visitou Maria e Marta, Maria soube quando parar, mas Marta não. Maria sentou-se aos pés de Jesus para não perder aquela oportunidade, mas Marta continuou trabalhando (ver Lucas 10:38-41). Imagino quantas vezes em minha vida perdi oportunidades porque não queria parar de trabalhar. Sei que perdi oportunidades com meus filhos quando eles eram pequenos porque eu valorizava mais o trabalho do que brincar com eles. Uma vida boa tem a ver com equilíbrio. Precisamos saber quando começar e quando parar muitas coisas. Eclesiastes nos diz que há um tempo para todas as coisas e que tudo é belo a seu tempo. O trabalho é bom, mas se trabalharmos quando for hora de brincar, então o trabalho deixa de ser bom. Ele pode gerar um estresse capaz de destruir a nossa saúde. Brincar é bom, mas se brincarmos quando deveríamos estar trabalhando, então a brincadeira passa a ser uma falta de disciplina que pode nos destruir.

Pare para Rir

É importante parar para rir! O mundo está cheio de notícias de roubo, violência, desonestidade e corrupção. Se não rirmos, não sei como iremos sobreviver. O mundo nem sempre nos oferece algo para rirmos, por isso precisamos criar o nosso próprio humor. Ontem, Dave e eu estávamos em nosso carro quando ele viu um anúncio de um determinado artigo, e disse "Aposto que isto deve custar um braço e uma perna". Decidi ser engraçada e disse: "Se você pagasse um braço e uma perna por isso, teria dificuldade em sair da loja". Ele olhou para mim incrédulo e disse: "Você deve estar desesperada para dar uma boa risada". No entanto, nós dois rimos por um bom tempo, principalmente eu. Minha piada foi tão sem graça que chegou a ser engraçada. Hoje, nós dois estávamos nos exercitando na sala de exercícios quando de repente ele olhou para mim e disse: "Eu consigo levantar a perna acima da cabeça". Rapidamente, imaginei-o tentando tal feito, e pensei: "Se você levantar a sua perna acima da cabeça, você cairá de costas". Ele insistiu dizendo que conseguia fazer aquilo e disse: "Olhe!" Então ele deitou de costas e levantou a perna acima da cabeça e ambos começamos a rir. Fazer aquele tipo de piada não é característico de Dave e foi bastante bobo, mas apesar disso, nós demos boas risadas.

Descobri que a vida em si pode ser mais engraçada do que um filme supostamente engraçado. Por sentir uma enorme vontade de rir, já assisti a comediantes e filmes engraçados e acabei descobrindo que eles nem sempre são engraçados, o que acabou me deixando decepcionada por ter perdido meu tempo. No entanto, se olharmos a vida de um modo mais despreocupado, ela pode ser muito engraçada. Precisamos relaxar!

Precisamos relaxar!

Minhas filhas costumam me ligar para compartilhar coisas engraçadas que as crianças fizeram ou coisas que elas estão percebendo na personalidade dos filhos enquanto eles crescem. Fico contente por elas dedicarem tempo a compartilhar essas coisas comigo. Nós rimos, e depois conto ao Dave e ele ri também. Poderíamos ter perdido a oportunidade de rir se elas estivessem ocupadas demais para ligar ou se achassem que aquilo não era importante. Minha nora costuma me mandar retratos do bebê fazendo coisas bonitinhas e engraçadas. Ele pode estar usando um chapéu engraçado, ou ter uma expressão boba no rosto, mas esses retratos são um intervalo que me permite rir.

Tenho certeza de que muitas coisas engraçadas acontecem com você todos os dias, e você as notará se aprender a procurar por elas e entender como é importante parar para rir.

Vamos parar para rir um pouco:

Sempre atenciosos com a congregação, o pregador batista e sua esposa decidiram comprar um novo cão, mas eles sabiam que o cão também tinha de ser batista. Eles visitaram um canil após o outro e explicaram o que precisavam. Finalmente, encontraram um canil cujo dono lhes garantiu que eles tinham exatamente o cão que o casal queria. O proprietário levou o cão para conhecer o pastor e sua esposa.

"Pegue a Bíblia", ordenou ele. O cão disparou para a estante, examinou os livros, localizou a Bíblia, e a levou até o dono.

"Agora encontre o Salmo 23", ordenou ele. O cão deixou a Bíblia cair no chão, e mostrando uma destreza maravilhosa com as patas, folheou-a, encontrou a passagem correta, e apontou com a pata.

O pastor e sua esposa ficaram muito impressionados e compraram o cachorro. Naquela noite, um grupo de membros da igreja foi visitá-los. O pastor e sua esposa começaram a exibir o cachorro, fazendo com que ele localizasse vários versículos bíblicos. Os visitantes ficaram muito impressionados.

Um homem perguntou: "Ele consegue fazer os truques normais de cachorro também?".

"Não tentei isso ainda", respondeu o pastor. Ele apontou o dedo para o cão e disse: "DE JOELHOS!" O cão saltou imediatamente sobre uma cadeira, colocou uma pata na testa do pastor, e começou a uivar.

O pastor olhou para sua esposa chocado e disse: "Meu Deus! Ele é Pentecostal!".

★

Um avião estava voando com quatro passageiros. O piloto foi até a parte de trás do avião e avisou que eles iam cair, mas só tinham três paraquedas. Então disse a eles que decidissem entre si quem ia ficar com eles. Um deles era um escoteiro, o outro era o homem mais inteligente do mundo, o outro era um homem idoso, e o último era um pregador. Então, o pregador disse a eles: "Vocês podem ficar com os paraquedas porque sei para onde vou quando morrer e estou pronto para partir". O intelectual disse: "Bem, preciso de um paraquedas porque sou o homem mais inteligente do mundo". O homem idoso disse ao pregador e ao Escoteiro para ficarem com os paraquedas restantes porque ele já havia vivido sua vida e estava pronto para partir. O Escoteiro disse: "Não se preocupem! O homem mais inteligente do mundo acaba de saltar do avião com a minha mochila nas costas".

★

O marido havia acabado de ler o livro *O Homem da Casa*. Ele entrou na cozinha furiosamente e foi diretamente até sua esposa. Apontando o dedo para o seu rosto, ele disse: "De agora em diante, quero que você saiba que eu sou o homem desta casa, e que a minha palavra é lei! Quero que você prepare uma refeição caprichada esta noite, e quando eu terminar de comê-la espero ter uma sobremesa fantástica depois. Então, depois do jantar, você vai preparar o meu banho para que eu possa relaxar. E quando eu terminar com o meu banho, adivinhe quem vai me vestir e pentear meu cabelo?".

A mulher respondeu: "O AGENTE FUNERÁRIO!".

★

Adoro dar uma boa risada. Desperdicei muito tempo em minha vida ficando zangada e triste, e tenho muito a compensar. Estou comprometida em aproveitar toda oportunidade que posso para rir; quando não consigo uma, tento criar uma. Creio que Jesus era brincalhão e engraçado. Posso imaginá-lo mexendo com os discípulos e fazendo brincadeiras com eles. Talvez você não veja Jesus assim, mas não pode provar que Ele não era assim, portanto não tente cortar o meu barato! Sei que Ele era sério e sóbrio, mas sempre era perfeitamente equilibrado, por isso Jesus devia ter senso de humor também.

Quando observamos os doze homens que Jesus escolheu para serem Seus discípulos, fica claro que Ele devia ter senso de humor. Eles eram emocionais e competitivos. Eles costumavam duvidar e tinham um raciocínio geralmente humorístico. Pedro disse algumas coisas bastante ridículas para Jesus durante a jornada deles juntos, mas Jesus o escolheu, assim como os demais discípulos. As escolhas de Jesus não foram um erro; eles foram escolhidos deliberadamente. Não há dúvidas de que, com as escolhas que fez, Jesus queria que víssemos que Ele nos aceita como somos e que não se incomoda com os nossos erros. Eles realmente tinham muitas imperfeições; *apesar disso*, quando Jesus os chamou, eles O seguiram.

Tenho certeza de que os três anos em que eles foram treinados por Jesus foram intensos, mas foram equilibrados com humor e descanso.

Tente se Equiparar às Crianças

Pesquisas mostram que os adultos riem aproximadamente vinte e cinco vezes por dia. Na verdade, creio que vinte e cinco é muito para a maioria dos adultos que conheço e com quem ando. São três horas da tarde onde estou agora, e creio que devo ter rido cinco vezes até agora no dia de hoje – mas prometo tentar atingir minha cota antes da hora de ir dormir.

Jesus nos disse para sermos como crianças. Elas conseguem se divertir praticamente com todo tipo de situação e nunca param para rir. De acordo com as estatísticas, elas riem uma média de quatrocentas vezes por dia! Acabo de passar cinco dias com meu neto de um ano de idade, Travis, e ri mais nesses cinco dias do que normalmente faço em dois meses. Ele aprendeu a rir alto e faz isso sem qualquer motivo. Ele simplesmente ri de repente bem alto e depois, quando rimos dele rindo, ele ri de novo sem parar. Ele faz isso enquanto continuamos com a brincadeira. Ele descobriu como abrir a caixa onde guardo meus óculos e começou a colocar a sua colher de bebê dentro dela. Toda vez que ele conseguia abri-la, ele ria. Quando batemos palmas pelo progresso dele, ela bate palmas para si mesmo e ri novamente. Posso garantir que ele não está preocupado, ansioso, nem pensando em todos os seus erros na vida. Não é de admirar que Jesus tenha nos dito para sermos como crianças se quisermos entrar e desfrutar do Seu reino.

Jesus nos disse para sermos como crianças.

Pare para descansar

Descansar é muito importante e a maioria de nós precisa fazer isso mais vezes. O que aconteceu com o intervalo? Quando éramos crianças na escola, tínhamos o intervalo da manhã, o almoço, e o intervalo da tarde. Todos eles eram momentos para comer e/ou brincar e se encaixavam dentro de um período de seis ou sete horas. De repente, quando começou o ensino secundário, os intervalos desapareceram! Será que deixamos de precisar deles porque nos tornamos adolescentes? Quanto mais velhos ficamos, parece que menos intervalos temos. Mas talvez devesse ser ao contrário. Trabalhei muito desde os meus treze anos e estou me tornando uma apreciadora dos intervalos a cada dia que passa. O intervalo é simplesmente uma parada no trabalho normal que nos permite ter tempo para descansar e relaxar.

Vou fazer um pequeno intervalo e volto já!

Dez minutos depois: Voltei, e estou me sentindo muito melhor! Antes de tirar meu intervalo de dez minutos eu tive de ir ao banheiro, estava com sede, com fome, e estava com as costas duras. Resolvi todos estes problemas em dez minutos e agora me sinto renovada. Quando você começar a se sentir exausto, quando você perceber que está suspirando com frequência, quando seus músculos estiverem tensos, e quando a sua criatividade tiver sido reduzida a zero, é hora de parar! Geralmente achamos que temos de seguir em frente porque o trabalho precisa ser concluído, mas a verdade é que um curto intervalo nos melhora em todos os sentidos. Ele também nos permite desfrutar o que estamos fazendo em vez de nos ressentirmos por isso. Precisamos aprender a controlar a nossa carga de trabalho e nunca deixar que ela nos controle.

Faça um intervalo quando precisar, porque você merece. Permita-se descansar! Você é um ser humano, e não uma máquina. Eu lhe garanto que não é errado descansar! Todos nós temos limites e é tolice não admitir isso. Em alguns dias, o meu tanque não está tão cheio quanto em outros, e parei de tentar entender por quê. Simplesmente paro antes de ficar com o tanque totalmente vazio e de começar a sugar sujeira para dentro do meu carburador. Meu pai foi mecânico de automóveis e ele sempre dizia: "Nunca deixe o seu tanque de gasolina vazio porque você começará a sugar sujeira para dentro do carburador". Se ele encontrava o meu tanque de gasolina quase vazio, ficava irritado, e assim, eu tinha o cuidado de manter meu tanque pelo menos pela metade. Eu gostaria de ter seguido este conselho com relação à energia em minha vida. Se tivesse feito isso, poderia ter evitado algumas enfermidades e rido muito mais, e tenho certeza de que teria realizado as mesmas coisas, porém as teria apreciado mais.

Não podemos voltar e desfazer a maioria dos erros que cometemos na vida, mas podemos aprender com eles e, assim espero, impedir que outras pessoas cometam os mesmos erros que nós. Portanto, o meu conselho para você a partir da minha experiência é: acrescente mais intervalos à sua vida.

Tire Mais Férias

Se eu disser: "Tire mais férias", você pode pensar que poderia fazer isso se tivesse mais tempo de folga ou mais dinheiro. Mas a verdade é que podemos tirar férias sem dinheiro e podemos dispor do tempo que temos e usá-lo com mais sabedoria.

Experimente tirar a metade de alguns dias de folga, mas não utilize essas "metades de dias" para fazer tarefas, a não ser que sejam divertidas. Se você pode dividir suas folgas em períodos de uma hora, tente tirar duas horas de folga para ir almoçar com um bom amigo ou um parente de quem você gosta. Quando tirar algum tempo de folga, refira-se a ele como férias, e não como folga. A palavra "férias" traz uma sensação boa e tem um bom efeito emocional.

Creio que na verdade hesitamos em dizer que estamos de férias com muita frequência porque não queremos que as pessoas pensem que não trabalhamos o suficiente. Quando alguém descobre que estou tirando algum tempo de folga, geralmente ouço: "Ah, você vai sair de férias?", e geralmente sinto que preciso justificar isso dizendo: "Sim, mas estarei trabalhando também". Creio que passei tanto tempo justificando minha existência na terra trabalhando que ainda preciso ler meus próprios livros e seguir meus próprios conselhos no que diz respeito ao assunto férias.

Recentemente, passei algum tempo com um amigo que é advogado. Quando compartilhei com ele o tema deste livro, ele me disse que havia tirado três dias de férias e também sentia a necessidade de se justificar por tirar um tempo de folga. Um colega de trabalho ligou para ele e perguntou o que ele estava fazendo enquanto estava de folga. Ele respondeu que ia jogar um pouco de golfe, mas que estaria tratando de negócios por telefone e por e-mail. Devemos ser capazes de tirar um tempo de folga sem trabalhar e sem nos sentirmos culpados. Não temos de estar sempre trabalhando de alguma maneira para justificar a nossa existência na terra.

Sempre que possível, é uma boa ideia tirar férias uma ou duas vezes por ano, de uma semana ou mais, porque geralmente levamos alguns dias para realmente desacelerar e relaxar o suficiente para atingir o nível do verdadeiro descanso. Nesse meio tempo, tire férias de um dia, meio dia, duas horas, e dez minutos, pois elas são importantes para tornar a vida mais equilibrada. Use os feriados para descansar e fazer coisas que o renovarão, e certifique-se de estar com pessoas que façam você rir. O próximo capítulo deste livro é dedicado a dar férias à sua alma, portanto, prepare-se para mais celebração!

Tire férias de um dia, meio dia, duas horas, e dez minutos, pois elas são importantes para tornar a vida mais equilibrada.

Dê Férias
à Sua Alma

O assunto férias é um tema importante, mas o nosso corpo físico não é a única parte de nós que precisa de férias. Nossas almas também precisam de férias. Você já deu férias à sua alma?

A sua alma compreende a sua mente, vontade e emoções, e é uma parte muito importante de todo o seu ser. Você é um ser espiritual e vive em um corpo físico. Mas se não entender a sua alma e as necessidades que ela tem, você não será uma pessoa completa e saudável.

Você pode tirar férias achando que precisa de descanso físico, mas se não deixar a sua alma descansar ao mesmo tempo, voltará para casa tão exausto quanto estava quando partiu. Podemos estar deitados em uma praia preocupados, mas isso não se compara a férias. Podemos tirar um dia de folga e gastá-lo emocionalmente irritados tentando tratar de problemas pessoais, irritando-nos com o trânsito, com os preços altos e com as pessoas grosseiras, e teria sido melhor se ficássemos trabalhando.

Podemos estar deitados em uma praia preocupados, mas isso não se compara a férias.

É de importância vital aprender a deixar nossa alma descansar. Jesus disse que se estivermos sobrecarregados, esgotados e exaustos devemos ir até Ele e aprender como Ele lidava com a vida. Ele disse que nos daria descanso para as nossas almas. A versão *Amplified* em inglês da Bíblia diz que o tipo de descanso do qual Ele está falando é recreação, refrigério e silêncio abençoado para nossas almas. Refleti sobre esta afirmação e percebi que Jesus estava oferecendo férias para nossas almas (nossa vida interior). Ele nos oferece descanso para a nossa mente, vontade e emoções, se viermos a Ele e aprendermos como Ele lida com a vida.

> Vinde a Mim, todos vós os que estais cansados e sobrecarregados, e Eu vos aliviarei [Eu acalmarei, aliviarei e renovarei as vossas almas]. Tomai sobre vós o Meu jugo e aprendei de Mim, porque sou manso e humilde de coração, e achareis descanso (alívio, cama, refrigério, recreação e silêncio abençoado) para a vossa alma. Porque o Meu jugo é suave (útil, bom – não é duro, áspero, rígido, ou insistente, mas confortável, gracioso, e agradável) e o Meu fardo é leve e fácil de levar.
>
> MATEUS 11:28-30, AMP

A Cura para o Estresse

A resposta de Deus para o esgotamento encontra-se na Sua Palavra. Ele nos convida para estudarmos o modo como Ele viveu e aprendermos com o Seu exemplo a melhor maneira de lidar com as situações da vida. Todo mundo fica exausto de vez em quando. Watchman Nee, um maravilhoso ministro chinês, disse: "O mundo é realmente um lugar cansativo". Quando estamos exaustos, nossa força, resistência, vigor ou frescor se esgotam, e ficamos sem paciência e tolerância. Precisamos ser renovados não apenas fisicamente, mas mentalmente e emocionalmente também. Estar exaustos não é algo de que devemos nos envergonhar, mas é simplesmente sinal de que precisamos de ajuda ou de uma pausa.

Estar exaustos não é algo de que devemos nos envergonhar, mas é simplesmente sinal de que precisamos de ajuda ou de uma pausa.

O princípio que compartilhei até agora, de tirar tempo para recompensar a si mesmo regularmente, irá ajudá-lo a evitar uma boa dose de cansaço. Esses pequenos prazeres da vida como um biscoito, um par de sapatos, um cochilo, uma caminhada no parque, um almoço com um amigo, fazer as unhas, um banho de espuma, ou um jogo de golfe, na verdade nos ajudam mais mentalmente e emocionalmente do que fisicamente. Quando nossas almas estão descansadas, a nossa força física também aumenta. Não deixe de separar um tempo para fazer estas pequenas coisas por si mesmo porque elas o ajudarão imensamente. Mas a primeira coisa que precisamos fazer quando nos sentimos exaustos é simplesmente "ir a Jesus". Estar na presença Dele nos dá descanso e também nos dá ideias criativas sobre maneiras práticas pelas quais podemos ser restaurados.

Moisés havia ficado exausto tentando levar os israelitas do Egito para a Terra Prometida e a Palavra de Deus para ele foi que deixasse outros ajudá-lo (ver Êxodo 18:18). Às vezes, precisamos apenas admitir que precisamos de ajuda e que não podemos fazer tudo sozinhos. Ao longo de minha vida, nunca fui boa em admitir que precisava de alguma coisa, e tive de aprender que pedir ajuda não é sinal de fraqueza, mas de sabedoria.

Moisés havia ficado exausto tentando levar os israelitas do Egito para a Terra Prometida e a Palavra de Deus para ele foi que deixasse outros ajudá-lo.

Moisés estava se cansando porque tentava fazer tudo que o povo queria que ele fizesse, e, para ser sincera, simplesmente não podemos deixar todas as pessoas felizes o tempo todo sem ficar esgotados.

Deus certamente sabia que todos nós precisaríamos de ajuda, porque Ele nos enviou o Seu Espírito Santo, que é chamado de "Ajudador". Vá em frente e diga: "PRECISO DE AJUDA!" Pedir é a primeira regra para se receber, portanto, não seja orgulhoso demais para pedir ajuda.

Isaías disse que todas as pessoas ficam cansadas às vezes. Não importa qual seja a nossa idade ou o quanto sejamos naturalmente fortes, todos nós temos limites e isso é normal. Tudo bem se você não consegue fazer tudo. A verdade é que você não pode fazer tudo. A instrução de Isaías foi a de esperar no Senhor e ser renovado e restaurado (ver Isaías 40:28-31). Daniel disse que Satanás procura esgotar os santos de Deus. Precisamos nos lembrar disso: o diabo nos quer cansados, esgotados e exaustos. Se não tomarmos cuidado, ele nos pressionará até que não tenhamos mais forças, porque ele sabe que se estivermos exaustos pensaremos, diremos e faremos tolices; não desfrutaremos a vida e o nosso testemunho aos outros não será bom.

Todos os grandes homens e mulheres de Deus falaram sobre ficar exausto e como se recuperar depois disso. Podemos aprender uma grande lição com o Profeta Elias.

Pare um Pouco e Coma um Bolo

Talvez Elias tenha sido o maior profeta da Bíblia. Deus usou-o para fazer coisas impressionantes e, no entanto, vemos o lado humano de Elias. Com a ajuda de Deus, Elias fez de bobos e assassinou 450 profetas do ídolo pagão Baal. Eles não tinham metralhadoras ou bombas nos dias de Elias, então suponho que ele os tenha matado com uma espada. Imagine o quanto uma pessoa pode ficar cansada se tivesse um dia como o de Elias. Ele não apenas matou 450 pessoas, como também construiu um altar, cavou uma vala, cortou um touro em pedaços para o sacrifício, pegou quatro grandes jarras de água do poço ou do riacho, e repetiu este processo diversas vezes (ver 1 Reis 18:21-40). Depois disso ele subiu o Monte Carmelo para orar pedindo chuva enquanto seu servo procurava nuvens de chuva como resposta à oração de Elias para dar fim a três anos de seca. Quando o servo relatou que viu uma pequena nuvem do tamanho da mão de um homem, Elias disse ao rei Acabe (marido de Jezabel) para aparelhar sua carruagem e fugir porque logo iria chover. Então, depois do dia cansativo que Elias já havia tido, a Bíblia diz que ele "cingiu os lombos e correu adiante de Acabe até à entrada de Jezreel" [aproximadamente trinta e dois quilômetros] (1 Reis 18:46). Quando este processo terminou, ele com certeza estava exausto além de qualquer coisa que eu possa imaginar.

No dia seguinte, ele ouviu a notícia de que Jezabel havia feito um juramento de matá-lo do mesmo modo que ele havia matado os profetas dela. A reação de Elias foi a de um homem exausto e cansado. Ele correu para o deserto para se esconder, e se isolou dos seus servos e amigos porque estava desanimado e deprimido. Ele se sentou sozinho no deserto e pediu a Deus para tirar a sua vida (ver 1 Reis 19:1-4). A exaustão pode mudar a nossa personalidade e fazer com que façamos coisas e nos portemos de uma maneira que não seria normal para nós. Elias normalmente não tinha medo de nada.

Ele era muito ousado. Ousado o suficiente para confrontar e matar 450 profetas de Jezabel, mas agora nós o vemos somente um dia depois se comportando de forma completamente diferente. Não sei quanto a você, mas eu posso contar que vivi dias como o que Elias estava vivendo. Estive tão cansada que a exaustão alterou minha personalidade; fiquei cheia de autocomiseração e pensamentos negativos; quis me isolar e que todos simplesmente me deixassem sozinha.

Obviamente Elias precisava de ajuda, portanto Deus enviou um anjo para ajudá-lo, que lhe disse para se levantar e comer. O anjo lhe deu um bolo e uma jarra de água e lhe disse para comer, beber, e deitar para dormir (ver 1 Reis 19:5-6). O anjo repetiu o processo e depois Elias teve forças para prosseguir por quarenta dias. Uau! A resposta de Deus à exaustão, cansaço e desespero do grande profeta foi "Pare um pouco e coma um bolo". Foi equivalente a "Coma um biscoito e compre os sapatos". Creio que isto é impressionante e empolgante porque faz com que saibamos que a resposta a alguns dos momentos mais difíceis da vida é descansar um pouco, comer algo de que gostamos, fazer algo que apreciamos, tirar um cochilo, e continuar repetindo o processo até que sintamos que podemos seguir em frente outra vez.

A indústria multibilionária do estresse iria à falência se todos nós seguíssemos o conselho de Deus para a cura do estresse. Talvez as pessoas não precisem de tantas visitas ao médico, de tantas receitas, de tantos conselheiros e de tantos centros de tratamento. Talvez elas só precisem de umas férias para a alma.

Entendo que as pessoas têm problemas sérios e perdas devastadoras em suas vidas. Também sei que as coisas simples de que estou falando não são a resposta definitiva para todas as situações, mas elas são a cura para muito do estresse que afeta as pessoas atualmente. Todos se cansam, a não ser que saibam como impedir isso, ou como se recuperar.

O Descanso de Deus

Em Mateus 11:28-29, Jesus fala duas vezes sobre descanso. Um é o descanso da salvação e o outro é o descanso que precisamos para a vida diária. O convite para virmos a Ele e encontrar descanso (v. 28) é com referência a recebermos a salvação pela fé em Jesus Cristo. Quando fazemos isso, encontramos um tipo de descanso imediato que é um descanso que não experimentamos anteriormente. Temos o descanso de saber que nossos pecados estão perdoados e que somos amados e aceitos por Deus. Também temos o descanso de não termos mais medo da morte, porque sabemos que quando morrermos, simplesmente passaremos desta esfera terrena para a esfera celestial onde viveremos eternamente na Presença de Deus.

Este primeiro descanso é maravilhoso, mas também precisamos de um segundo descanso e Jesus nos diz como ter isso quando diz: "Tomai sobre vós o Meu jugo e aprendei de Mim... e achareis descanso (alívio, cama, refrigério, recreação e silêncio abençoado) para a vossa alma" (v. 29, AMP). Um jugo é um dispositivo usado para unir duas coisas, como o par de bois que eram usados para puxar o arado na agricultura. Ele é usado metaforicamente na Bíblia como referência à submissão à autoridade. Também se refere a equilibrar uma carga.[1] Se permanecermos no jugo de Jesus (ligados a Ele) e nos submetermos à Sua autoridade, Ele nos ajudará a equilibrar a nossa carga na vida e aprenderemos como Ele responde a cada situação.

Para viver uma vida cristã equilibrada onde a carga não seja pesada demais para nós, precisamos estar dispostos a tomar o jugo de Jesus nas pequenas coisas assim como nas grandes coisas da vida. Alguns trabalhadores acham difícil trabalhar com seus colegas de trabalho; alguns maridos ou esposas acham difícil tolerar seus sogros e sogras; alguns empregados acham difícil lidar com seus patrões; estudantes se cansam do seu relacionamento com os seus professores e com os outros alunos. Todas estas são coisas que precisamos tolerar na vida e, é claro, nos cansamos delas. Gostaríamos de poder fugir delas, ou encontrar uma forma delas se afastarem de nós. Podemos nos sentir desencorajados, deprimidos e não ter paz, mas precisamos aprender que Jesus quer que tomemos o jugo Dele e entendamos que estas são coisas que precisamos aprender a tolerar com uma boa disposição porque elas são a porção que nos foi dada por Deus.

Deus coloca pessoas diferentes juntas e quer que aprendamos a amar uns aos outros e a conviver pacificamente. Deus pode colocar uma pessoa cuidadosa e organizada junto com uma pessoa descuidada e desorganizada. Ele pode colocar uma pessoa forte com uma fraca, uma pessoa saudável com uma enferma, ou uma pessoa inteligente com outra que não é tão inteligente. Ele coloca pessoas impacientes e que têm um temperamento explosivo junto com pessoas de temperamento manso e paciente. Uma delas fica atrelada à outra e Deus as usa para se equilibrarem mutuamente. Isto nos dá a oportunidade de aprender sobre a natureza de Cristo, e se lutarmos contra isto, não teremos descanso. Mas se dissermos a Deus: "Estou disposto a assumir o meu lugar, estou disposto a obedecer; estou disposto a florescer onde estou plantado", então encontraremos descanso e alegria.

Levei muitos anos para aprender que era inútil tentar mudar algo que Deus havia destinado a mim como um jugo a ser suportado em minha vida. Tive de me submeter à vontade Dele e deixar que Ele me ensinasse a ter uma atitude pacífica em meio à situação em que eu me encontrava. Em seu livro *Vida Cristã Equilibrada*, Watchman Nee disse: "O mais alto chamado que podemos viver é das as boas-vindas a tudo que naturalmente desgostamos. Você será cheio do mais profundo descanso dentro de você se aceitar alegremente o jugo que Deus lhe der". [2]

O descanso de Deus tem estado disponível desde o sétimo dia da criação, quando o próprio Deus descansou. Muitas coisas estão disponíveis hoje, mas as pessoas não desfrutam delas porque ou as ignoram ou deixam de crer e obedecer.

O descanso de Deus tem estado disponível desde o sétimo dia da criação, quando o próprio Deus descansou.

Descanso Espiritual

Embora precisemos de descanso físico, o tipo de descanso mencionado em Mateus 11 é um descanso espiritual. É um descanso do espírito e da alma (mente, vontade e emoções). É um descanso no trabalho, e não do trabalho. Quando descansamos fisicamente, precisamos parar de trabalhar. Mas este tipo de descanso é diferente. Quando Jesus foi à casa de Maria e Marta, Ele não repreendeu Marta por trabalhar, mas por se preocupar. Ele disse que ela estava ansiosa e perturbada com muitas coisas, mas que naquele momento, só uma coisa era necessária e era que ela desfrutasse da Sua visita. Ela estava preocupada com a aparência das coisas e estava irritada porque Maria não a estava ajudando (ver Lucas 10:38-41). Marta precisava se permitir relaxar! Todas as coisas com as quais ela se preocupava não eram dignas de preocupação. Não era tão importante que a casa estivesse perfeita, e o que Maria estava fazendo não era assunto de Marta. Ela precisava relaxar e desfrutar do milagre daquele momento. Jesus havia ido à sua casa, e embora ela provavelmente necessitasse fazer alguns preparativos, não precisava perder a paz.

Descanso não é inatividade, mas sim o harmonioso trabalho conjunto de todas as faculdades e afetos – da vontade, do coração, da imaginação e da consciência. Por exemplo, se uma pessoa opta por fazer algo com o qual a sua consciência não concorda, ela não desfrutará do descanso de Deus. Alguém acaba de me pedir para fazer algo como um favor, mas não senti paz a respeito. Se agradasse minha amiga fazendo o que ela queria que eu fizesse, eu não teria descanso, porque em meu coração não sinto que seja certo fazer aquilo. Meus atos, meu coração, minha mente e minha consciência precisam trabalhar juntos em harmonia. Marta precisava aprender a descansar enquanto trabalhava. Marta trabalhava, mas na sua imaginação e no seu pensamento ela estava zangada com Maria porque a irmã não estava trabalhando como ela, e isso a impedia de descansar interiormente enquanto trabalhava exteriormente.

Se as emoções, o coração, a vontade ou a mente estiverem contrários ao que está sendo feito, não haverá descanso. Marta estava trabalhando, mas ela se ressentia por isso e não podia descansar. Quando temos um trabalho a fazer devemos fazê-lo de boa vontade e não com ressentimento. É vital para nós usarmos o nosso livre arbítrio e escolhermos fazer a vontade de Deus quando algo precisar ser feito. Dizemos em nosso coração: "Farei isto como um serviço a Deus e o farei de boa vontade".

Foi exatamente isso que Jesus fez no Jardim do Getsêmani. Ele sabia que um trabalho devia ser feito e que Deus queria que Ele o fizesse. Ele orou a respeito e embora estivesse ciente de que aquilo incluiria um sofrimento inimaginável, dispôs a Sua vontade de acordo com a vontade de Seu Pai. Ele suportou a dor e o sofrimento pela alegria do prêmio que estava diante Dele. Quando Jesus tomou a Sua decisão, Deus enviou anjos para ministrarem a Ele. Se a nossa atitude for adequada, receberemos a ajuda divina nos capacitando a fazer o que precisamos fazer.

Mude a Sua Maneira de Encarar a Vida

A vida nem sempre vai mudar, portanto, devemos estar dispostos a mudar. Pergunte a si mesmo como você encara cada dia e cada situação. Você tem alguma ideia do que quer que aconteça? Já decidiu que não pode ter descanso ou alegria se não conseguir o que quer? Ouço as pessoas dizerem coisas do tipo: "Se chover amanhã vou ficar triste", ou "Quando chegar em casa do trabalho hoje, vou ficar irritada se meus filhos não tiverem limpado a casa como eu mandei". Quando pensamos assim, estamos nos preparando para ficar angustiados e para perder o descanso antes mesmo que surja um problema. Já decidimos que não podemos ter descanso se as coisas não correrem do jeito que queremos. Em vez disso, devemos dizer: "Espero que o tempo amanhã esteja bom, mas a minha alegria está dentro e mim, por isso, ficarei feliz e terei descanso em minha alma independente do tempo". Devemos pensar: "Espero que as crianças tenham feito o que pedi a elas para que eu não tenha de corrigi-las, mas posso lidar com qualquer situação e continuar sentindo paz em minha alma".

A vida nem sempre vai mudar, portanto, devemos estar dispostos a mudar.

Você encara a vida com uma atitude negativa, de reclamação, ou com uma atitude positiva, de gratidão? Você dedica tempo na vida para recompensar a si mesmo pelo seu progresso, ou se pune pelas suas fraquezas e erros? Você vive correndo o tempo todo ou faz uma coisa de cada vez, pedindo a ajuda do Espírito Santo? Você vive o agora (momento presente) ou vive no ontem e no amanhã em seus pensamentos? A maneira como encaramos a vida faz toda a diferença na nossa qualidade de vida, portanto, quando não pudermos consertar a vida, vamos nos lembrar de que podemos consertar a nossa maneira de encará-la. Decida-se a ser feliz se conseguir aquilo que quer, e também se não conseguir.

Você vive correndo o tempo todo ou faz uma coisa de cada vez, pedindo a ajuda do Espírito Santo?

Todos nós temos exemplos incontáveis de mudança do modo de encarar a nossa vida. Dave e eu costumamos nos hospedar muito em hotéis e geralmente descobrimos que as banheiras não têm tampa para o ralo, e por isso não podemos enchê-las. Gosto muito de tomar banho de banheira em vez de chuveiro, e assim, depois de ficar irritada inúmeras vezes com a falta de uma tampa para o ralo da banheira, decidi levar uma comigo. Ela ocupa muito pouco espaço e garante o meu descanso. A maioria dos hotéis não tem uma iluminação muito boa. Imagino que seja porque eles procuram economizar, mas o fato é que a maioria dos hóspedes não gosta de ficar em um quarto escuro. Depois de reclamar por anos, hoje costumamos ligar com antecedência e pedir ao hotel várias lâmpadas adicionais para o nosso quarto. Se a voltagem das lâmpadas não for suficiente para iluminar como desejamos, saímos e compramos lâmpadas mais potentes. Quando você se comprometer em viver e descansar em paz, encontrará maneiras de encarar a vida de um modo diferente.

No ano passado, estávamos viajando para a Tailândia e a Índia, e ficamos parados no Alaska devido a uma manutenção no avião. Eu esperava sair de St. Louis, onde estava muito frio, e ir para a Tailândia, onde é quente, por isso saí de casa usando sandálias e não levei casaco. Quando saímos do avião no Alaska a temperatura era de trinta graus abaixo de zero e o vento soprava com muita força. Minha nora me deu um par de meias rosa choque para calçar com sandálias (pare e use a imaginação); é desnecessário dizer que fiquei ridícula. Comprei uma blusa de moletom roxa acolchoada na loja de presentes do hotel que eu sabia que nunca mais usaria e com a qual não queria gastar meu dinheiro, mas foi tudo que consegui encontrar. Então, com meu cabelo levantado por ter dormido no avião, minhas roupas de verão, minhas meias rosa e meu moletom roxo acolchoado, atravessei o saguão do hotel, certa de que ninguém no Alaska me reconheceria, principalmente no meio da noite. Mas os nossos pensamentos nem sempre são os pensamentos de Deus, e sem dúvida o mensageiro do hotel perguntou bem alto: "A Sra. não é a Joyce Meyer, da televisão?" Imediatamente, outros empregados do hotel que assistem ao meu programa vieram correndo até mim e assim tivemos uma pequena sessão de "apresentações" no Alaska, no meio da noite, com um cabelo doido, meias rosas e sandálias, e um moletom roxo acolchoado.

Eu não queria estar no Alaska, e não queria andar por aí com aquela roupa ridícula, mas só tinha duas escolhas. Eu podia ficar irritada e perder o meu descanso, o que não mudaria nada, ou podia decidir transformar aquilo em uma aventura. Escolhi a aventura e no final tudo deu certo. Podemos mudar a nossa qualidade de vida mudando a nossa atitude com relação às pequenas e grandes coisas que geralmente nos irritam e enfurecem.

Fugir dos Problemas Não é a Resposta

Davi orou para que ele pudesse fugir dos problemas e descansar (ver Salmos 55:5-8), mas fugir dos problemas não é a resposta. Precisamos enfrentar o inimigo e derrotá-lo no poder de Deus assim como Davi derrotou Golias. Deus nos deu poder para "atravessar". Ele não nos deu espírito de temor, mas de poder, de amor e de equilíbrio (ver 2 Timóteo 1:7). Não é a vontade de Deus que fujamos para nos esconder dos desafios, mas que os confrontemos de frente, sabendo que podemos estar em guerra e permanecer no descanso. Afinal, a batalha não é nossa, mas de Deus!

Deus nunca abençoa as pessoas que fogem. Onde quer que elas se escondam, Ele as encontra e as leva de volta para aquilo do qual fugiram, para que possam enfrentá-lo e experimentar a verdadeira liberdade. Deus nos dá poder e sabedoria para lidar com as situações, não para tentar fugir delas. A negação não é um traço de caráter divino.

Elias tentou fugir e se esconder, mas Deus fez com que ele voltasse para o lugar de onde havia fugido e continuasse a obra que havia sido chamado para fazer. Depois de dar a ele um bolo e um intervalo, Deus confrontou-o por sua atitude. Ele perguntou por que Elias estava se escondendo e o que ele pensava que estava fazendo. Elias respondeu com base em uma atitude amarga e um pensamento distorcido. Ele disse que havia sido deixado sozinho para servir a Deus e as pessoas estavam procurando matá-lo. Ele disse a Deus que todos os israelitas haviam abandonado a aliança de Deus, destruído os Seus altares e matado os Seus profetas, e mais uma vez Elias parecia estar cheio de pena de si mesmo quando disse a Deus que só ele permanecia sendo fiel (ver 1 Reis 19:9-14). Deus disse a Elias que ainda existiam sete mil profetas que não haviam dobrado seus joelhos a Baal e também disse a ele que voltasse ao trabalho. Quando não permanecemos no descanso, nosso raciocínio fica distorcido e perdemos a perspectiva correta. Queremos fugir da responsabilidade, mas como podemos ver no caso de Elias, Deus não permitirá que façamos isso porque a fuga nunca é a resposta aos desafios da vida.

Quando não permanecemos no descanso, nosso raciocínio fica distorcido e perdemos a perspectiva correta.

A Oração Precede o Descanso

Nossa primeira linha de defesa contra o desânimo ou a decepção é a oração. Ore no início de cada dia, de cada projeto, de cada provação e decepção. Não ore para que a situação apenas desapareça, em vez disso, ore para que você seja capaz de lidar com o problema, manter o caráter de Deus, e demonstrar o fruto do Espírito Santo. A oração convida o poder de Deus a entrar nas nossas situações. Você deve se lembrar de que anteriormente, neste livro, falamos sobre a importância de termos revelação com relação ao poder de Deus que está disponível para nós, os que cremos. Este poder pode ser liberado através da oração de fé.

Somos ensinados a não andar ansiosos por coisa alguma, mas em tudo orar e dar graças (ver Filipenses 4:6). É tolice e um desperdício de energia tentar fazer qualquer coisa antes de orar. Ore em todo o tempo, em toda ocasião, com todo tipo de oração (ver Efésios 6:18). Somos mais derrotados do que podemos imaginar porque frequentemente deixamos de orar.

Não teremos descanso até aprendermos a ficar calmos em toda situação (ver Salmos 94:12-13). A maior tolice do mundo é tentar fazer alguma coisa sobre algo com relação ao qual você não pode fazer nada. Quando estiver cansado e sobrecarregado, vá a Jesus e encontre descanso. Tome o Seu jugo sobre você e aprenda como Ele lida com a vida, e você encontrará descanso, alívio, tranquilidade, refrigério, recreação e silêncio abençoado para a sua alma. Isso soa como férias para mim! Você precisa de férias para a sua alma? Se precisa, é isso que lhe está sendo oferecido se você aprender a descansar a sua mente, vontade e emoções, assim como o seu corpo físico.

Prioridades

Quando nossas prioridades estão fora de ordem, isto sempre gera estresse. Precisamos de ordem em nossos lares, em nossos horários, em nossos armários, em nossas garagens, em nossas finanças e em todas as áreas da vida. Deus não é Deus de confusão! Ele governa um universo cheio de ordem. Não existe caos no Céu! Deus nos diz para vivermos na paz que Ele deixou para nós, portanto, deve haver um meio de fazer isso! Temos muitas prioridades na vida que precisam de atenção, mas gostaria de tratar neste livro das *prioridades espirituais*.

Sente-se, Levante-se, Ande e Corra

Encontramos todas estas palavras nas Escrituras. Aprendemos que estamos assentados em Cristo, e isso se refere a entrarmos no descanso de Deus. Aprendemos que devemos nos levantar contra o diabo e contra todo o mal. Devemos andar em Deus, andar em amor, andar em justiça, e andar pela fé. Também aprendemos que devemos correr a nossa carreira, correr para vencer, e correr e não nos cansarmos. Aprendemos que devemos sentar, levantar, andar e correr, mas muitos cristãos tentam correr sem nunca terem aprendido e praticado os outros passos. Estes princípios espirituais têm uma prioridade determinada e devem ser estabelecidos em nossa vida nesta ordem. Os bebês não saltam de seus berços e começam a correr pela casa. Eles se esforçam durante muito tempo aprendendo a sentar com travesseiros escorados ao seu redor ou com a ajuda de um adulto, e somente após muito treino e prática finalmente aprendem a sentar sozinhos.

Aprendemos que devemos sentar, levantar, andar e correr, mas muitos cristãos tentam correr sem nunca terem aprendido e praticado os outros passos.

Alguns cristãos só podem permanecer no descanso (assentados) se tiverem outros cristãos escorando-os continuamente, orando por eles e incentivando-os a fazer isso, contudo, precisamos crescer até o ponto em que o descanso de Deus seja o nosso estado normal e não algo que precisamos tentar conseguir. Precisamos aprender a sentar sozinhos sem precisar do apoio constante dos outros antes que possamos começar a andar.

Tentei correr antes de aprender a sentar e foi desastroso. Eu sentia que era chamada para ensinar a Palavra de Deus a outras pessoas, por isso rapidamente iniciei um ministério. Porém, passei por um estresse inacreditável – tanto estresse que eu vivia doente e infeliz a maior parte do tempo. Estava tentando correr, mas ainda não havia aprendido a sentar, levantar, ou andar. Agora, depois de mais de trinta e três anos no ministério, estou correndo rápido. Estou na faixa rápida espiritual, e espero que esteja ajudando a milhões de pessoas através do ministério de ensino que Deus me deu. Sei como correr com Deus, mas também sei agora como sentar, levantar e andar em Deus, e posso fazer todas estas coisas simultaneamente.

Assentado em Cristo

A Bíblia sempre retrata Cristo assentado nos momentos após Sua morte, ressurreição e ascensão. Ela diz que Ele subiu ao Céu e se sentou à direita de Deus, aguardando ali até que os Seus inimigos sejam postos como estrado para os Seus pés (ver Hebreus 10:11-13). Em outras palavras, Jesus não apenas fez o que foi enviado para fazer no descanso, como também entrou em outra dimensão do descanso de Deus para esperar que Deus faça o restante do que precisa ser feito. Gosto de dizer: "Faça o seu melhor e Deus fará o resto".

Precisamos aprender a fazer o que nos é designado por Deus e nunca perder tempo tentando fazer o que somente Deus pode fazer. Não podemos ir além daquilo que Deus nos deu graça para fazer. Posso querer mudar. Posso estudar a Palavra de Deus nas áreas em que preciso de crescimento, posso orar por transformação, mas só Deus pode me transformar. Posso fazer o que eu posso fazer, mas não posso fazer o que só Deus pode fazer. Até aprender essa diferença, vivia estressada. Posso querer que um ente querido ou um amigo tenha uma vida melhor, que esteja mais próximo de Deus, ou que pare com os hábitos destrutivos. Posso orar por ele e oferecer ajuda se ele aceitar, mas só Deus pode transformá-lo. Dizer que confiamos em Deus não é difícil, mas a verdadeira fé entra no descanso de Deus. Não entramos no descanso de Deus quando estamos tentando crer, mas sim quando já cremos (ver Hebreus 4:3, 10). Enquanto falamos sobre descanso, lembre-se de que ele equivale a estar sentado! Você já aprendeu a sentar?

Até Deus descansou dos Seus trabalhos de criação e separou um tempo para desfrutar do que havia feito. Ele fez o que Se propôs a fazer e depois descansou. Jesus fez o que foi enviado por Deus para fazer e depois descansou. Geralmente, nosso maior problema é que não sabemos quando devemos terminar. Quando trabalhamos na carne, sem a ajuda de Deus, então não temos descanso; tudo que temos é frustração e estresse.

Todos os dias, temos certos propósitos que queremos realizar, e no fim do dia é apropriado descansar, não apenas fisicamente, mas a nossa alma também precisa de descanso. Precisamos de descanso fisicamente, mentalmente, emocionalmente e espiritualmente.

Estamos espiritualmente assentados com Cristo no Céu. Nossos pés podem estar na terra, mas espiritualmente estamos com Cristo. Os cristãos vivem em duas esferas ao mesmo tempo. A. W. Tozer disse bem: "Os nossos problemas decorrem do fato de que nós, que seguimos a Cristo, habitamos em dois mundos ao mesmo tempo: o espiritual e o natural. Como filhos de Adão, vivemos nossas vidas na terra sujeitos às limitações da carne e às fraquezas e enfermidades das quais a natureza humana é herdeira. Simplesmente viver entre os homens requer de nós anos de trabalho árduo e muito cuidado e atenção com as coisas deste mundo. Em contraste a isso está a nossa vida no Espírito. Nela desfrutamos de outro tipo de vida, uma vida mais elevada". [1] Nela podemos desfrutar o descanso de Deus, independente do que esteja acontecendo na esfera natural.

As circunstâncias que nos cercam na terra não precisam nos perturbar espiritualmente se aprendermos a ficar sentados. Como crentes em Jesus Cristo, tivemos uma co-morte e uma co-ressurreição com Cristo. A Bíblia diz: "Pois sabemos que o nosso velho homem foi crucificado com ele, para que o corpo do pecado seja destruído e não mais sejamos escravos do pecado" (Rm 6:6).

As Escrituras também nos dizem que "Deus nos ressuscitou com Cristo e com Ele nos fez assentar nos lugares celestiais em

Cristo Jesus" (Ef 2:6). Precisamos aprender a nos identificarmos com Cristo e a crermos que o que Ele tem neste instante, nós também temos por meio da nossa fé Nele. Não teremos em algum momento no futuro, nós temos agora (espiritualmente falando)! Deus não só permitiu que Jesus derramasse o Seu sangue pela remissão dos nossos pecados, como também nos colocou em Cristo. Portanto, quando o Senhor Jesus foi crucificado, Deus crucificou o nosso velho homem com Ele também. Nós fomos crucificados com Cristo – isso é um fato em Deus, mas é impossível para a mente humana explicar este fato. É por isso que precisamos crer com o coração, em vez de tentar racionalizar as coisas com a mente.

Vamos entender que qualquer coisa que Deus tenha feito no passado em Cristo é sempre *agora* para nós. Deus é o Deus que é para sempre *agora*. Ele é o grande "Eu Sou!" Todos os fatos em Cristo são agora e eles nunca passam, eles são para sempre. A cruz de Cristo é agora, a ressurreição de Cristo é agora, a ascensão de Cristo é agora, a vinda do Espírito Santo é agora, e o enchimento com o Espírito Santo é agora. Estamos assentados com Cristo agora. Não devemos tratar o que Cristo fez como simples história, mas graças a Deus porque tudo o que Ele fez é para sempre e é nosso agora!

A fé nos permite descansar mentalmente e emocionalmente. Até a nossa vontade descansa quando temos fé em Deus. Não nos preocupamos nem racionalizamos, não ficamos angustiados ou abatidos, e não tentamos fazer acontecer alguma coisa que não seja da vontade de Deus – estamos no descanso! Paulo estava cantando na prisão. Jesus estava orando pelos outros enquanto era crucificado. José decidiu que se iria ser um escravo, seria o melhor escravo que seu amo já teve. Ele decidiu que se iria ser um prisioneiro (embora não tivesse cometido nenhum crime), seria um prisioneiro com uma boa disposição.

Precisamos ser sinceros quanto à verdadeira causa do nosso estresse. Serão realmente as circunstâncias da vida, ou a maneira como reagimos a elas? Há um descanso disponível para nós, mas precisamos nos esforçar para entrar nele. Entrar no descanso de Deus deve ser a nossa prioridade número um depois de receber Jesus como nosso Salvador. Pergunto-lhe novamente: você já aprendeu a sentar e entrar no descanso de Deus?

Você já aprendeu a sentar e entrar no descanso de Deus?

Aprendendo a Se Levantar em Cristo

Nunca poderemos nos levantar contra o inimigo (Satanás) a não ser que aprendamos a fazer isso a partir da nossa primeira posição de assentados em Cristo. O descanso é um lugar de poder!

Em breve o Deus da paz esmagará Satanás debaixo dos pés de vocês.

Romanos 16:20A

Se permanecermos calmos, Deus nos libertará. Podemos dizer que estamos confiando em Deus, mas não há evidências de confiança a não ser que permaneçamos assentados em Cristo.

Os israelitas estavam seriamente estressados devido à situação aparentemente impossível que enfrentavam: estavam literalmente entre o Mar Vermelho e o exército egípcio! Eles não tinham meio de escape natural. Porém, Deus disse a eles para manterem a paz, permanecerem no descanso, e Ele lutaria por eles (ver Êxodo 14:9-14).

Levantar é uma posição que implica conhecer o fim desde o começo. Conhecemos a Palavra de Deus e o que Ele prometeu, e optamos por crer nela mais do que naquilo que vemos, sentimos ou pensamos.

Nós nos levantamos firmes na nossa fé, sabendo espiritualmente que somos libertos e na expectativa de ver sua manifestação a qualquer momento. Aguardamos ansiosamente! Algumas vezes ficaremos cansados porque geralmente temos de esperar mais do que pensamos que esperaríamos, mas Jesus disse que se formos a Ele sempre que nos sentirmos ainda que levemente cansados, Ele nos dará descanso. Ele nos dará "férias espirituais" ou "férias para a nossa alma".

Aprendendo a Andar

Uma caminhada é feita de muitos passos, e cada um é uma escolha. A nossa caminhada com Deus se refere ao modo como vivemos a nossa vida diária. Uma vez que tenhamos aprendido a sentar e levantar, estamos prontos para começar a dar passos que finalmente nos permitirão andar. Não estamos andando com Deus simplesmente porque frequentamos a igreja ou lemos a Bíblia. A nossa caminhada tem a ver com as nossas escolhas. A Bíblia diz que devemos andar (organizar nossa vida, nossa conduta e nossas conversas) na vontade revelada de Deus (ver Salmos 119:1). Ela diz que devemos andar (organizar nossa vida) pelo que sabemos ser verdade (ver Filipenses 3:16). Conhecer a verdade nos dá a responsabilidade de agir com base nela. Recentemente, vi uma situação trágica se desdobrar quando um irmão em Cristo envolveu-se em um relacionamento com outra mulher embora fosse casado e tivesse dois filhos. O pecado desse relacionamento abriu as portas da vida desse homem a todo tipo de engano e a situação dele foi de mal a pior; ele contou muitas mentiras e se meteu em problemas cada vez mais profundos. Sua família ficou destruída e ele terminou na prisão. Deus usou esta situação para me mostrar que quanto mais conhecimento temos de Deus e da Sua vontade, mais responsáveis somos por obedecer. Quando alguém que realmente sabe o que é certo não demonstra um temor reverente a

Deus e arrogantemente escolhe pecar, abre uma porta em sua vida que permite que o exército do inferno entre marchando. Conhecer não basta; precisamos fazer, e o fazer é a nossa caminhada com Deus. Podemos estar nos cultos da igreja dez vezes por mês e ainda assim não andar com Deus. Precisamos andar em obediência.

A Bíblia nos diz muitas vezes para andarmos em amor. Amor é simplesmente uma palavra ou uma teoria, a não ser que controle as nossas ações para com as outras pessoas. O amor pode ser muito místico, a não ser que entendamos que no alicerce do amor está a preocupação diária em fazer aquilo que beneficiará outros. O que fará a vida deles melhorar e os ajudará?

Devemos andar por fé. Vivemos e regulamos nossas vidas pela nossa convicção sobre o nosso relacionamento com Deus (ver 2 Coríntios 5:7). Cada ação, emoção e pensamento se torna submisso ao que acreditamos a respeito de Deus. Enoque andou com Deus e teve contínua comunhão com Ele, e a Bíblia diz que ele "já não foi encontrado, pois Deus o havia arrebatado" (Gn 5:24). Parece que Enoque se tornou tão próximo de Deus que o mundo já não pôde mais retê-lo; ele escorregou para a esfera espiritual e simplesmente desapareceu. A Bíblia não diz que Enoque morreu e foi para o Céu. Ela diz que ele andava tão perto de Deus que simplesmente já não estava mais ali. Noé andou com Deus (ver Gênesis 6:9), assim como Abraão, Isaque e Jacó andaram com Deus (ver Gênesis 48:15). Eles fizeram do seu relacionamento pessoal com Deus uma prioridade. Eles se assentaram em Deus (permaneceram no descanso), levantaram-se contra os seus inimigos, e andaram com Deus. Também correram a sua carreira e estão registrados na Bíblia como homens de quem o mundo não era digno. Fizeram escolhas e formaram hábitos nos quais andavam dia após dia e ano após ano. Vemos desde o princípio dos tempos que os homens andaram com Deus.

Percorrer um caminho longo não é difícil se você sabe quando deve se sentar um pouco e descansar. Às vezes, sua caminhada é interrompida e você precisa ficar de pé um pouco em algum lugar, mas ao mesmo tempo está avançando. Habacuque disse que quando nada está funcionando direito nas situações que nos cercam, nós podemos nos alegrar porque Deus é a nossa Força, a nossa coragem, e o nosso exército invencível; Ele nos faz andar (não ficar paralisados pelo terror, mas andar) e avançar (espiritualmente) nos lugares altos dos problemas, do sofrimento e das responsabilidades (ver Hebreus 3:17-19).

Percorrer um caminho longo não é difícil se você sabe quando deve se sentar um pouco e descansar.

Somos instruídos a andar no temor de Deus, a andar como Cristo andou, a andar de modo digno do nosso Divino chamado, a andar pelo vale da sombra da morte, e a andar pelo fogo, pela água e pela tempestade. Ande em integridade, ande em justiça, ande em liberdade, ande como um filho da luz, e não ande segundo a carne. Podemos perceber que andar é um trabalho de tempo integral, portanto, não é de admirar que precisemos primeiro aprender a sentar e a levantar. Estou certa de que se me comprometer a andar em todas estas áreas como Deus pede que eu faça, ocasionalmente precisarei de férias para a minha alma!

Vamos Dar Uma Corrida

Minha filha costuma me dizer: "Vou dar uma corrida hoje". Nos últimos dois anos, ela se tornou uma corredora, mas começou andando rápido e fazendo um pouco de jogging muito antes que seu treinador permitisse que ela começasse a correr. Ela não decidiu simplesmente correr e começou a correr – a coisa não funciona assim. Tentei este método muitas vezes e, todas as vezes, sentia dor nos pés ou nas costas. Finalmente, meu quiropata me disse que eu era velha demais para começar a correr agora. Ele pode estar certo quanto a correr fisicamente, mas ainda posso correr espiritualmente. No entanto, o mesmo principio de preparação que se aplica à esfera natural se aplica à esfera espiritual.

Se você aprendeu a sentar, levantar e andar em Deus, é hora de começar a correr em Deus e com Deus. Davi disse que não ia apenas andar, mas correr nos caminhos de Deus (ver Salmos 119:32). Você está pronto para correr a sua carreira com uma persistência firme e ativa? Você está pronto para ser paciente e perseverar até atingir o seu alvo?

**Se você aprendeu a sentar, levantar e andar em Deus,
é hora de começar a correr em Deus e com Deus.**

Nos dias de Paulo, os corredores se despiam e ficavam apenas com uma espécie de tanga para se prepararem para correr. Você está pronto para se despir de qualquer coisa que esteja impedindo-o de correr com Deus? O corpo deles era untado com óleo (ungido) para a corrida. Precisamos viver com Deus de tal maneira que Ele possa nos ungir para o serviço do Seu Reino. Os corredores precisam ser disciplinados e concentrados se quiserem vencer a corrida. Decidir correr é uma grande decisão e ter êxito nela requer um enorme comprometimento.

As suas prioridades espirituais estão em ordem? Se não estiverem, esta é uma boa hora de tomar algumas decisões. Deus tem uma corrida para você, e o plano Dele é que você vença, mas para isso terá de aprender a sentar, levantar e andar. Você só pode vencer a sua corrida se souber como correr com a sua alma de férias.

Meu Tudo em Tudo

A pequena palavra *tudo* é usada 5.675 vezes na Bíblia, podendo ser um pouco mais ou um pouco menos dependendo da versão bíblica que você está usando. É uma palavra pequena que significa muito e, no entanto, damos pouca atenção a ela. Se lermos um versículo que tem a palavra *tudo*, e ignorarmos o *tudo*, ela muda todo o contexto da Escritura. A palavra *tudo* nos leva ao infinito. Onde *tudo* termina? Até que ponto vai e o que inclui?

Jesus é o Senhor de Tudo. O nosso Deus Todo-Poderoso, nosso suficiente Salvador, todas as bênçãos fluem Dele, e Ele é tudo que precisamos. Costumamos dizer que Deus é o nosso tudo, mas alguma vez paramos para realmente entender o impacto dessa pequena palavra? *Tudo* não deixa nada fora do controle de Deus. Enquanto acreditarmos que algumas coisas estão fora do controle de Deus, nossa alma não poderá tirar férias porque haverá alguma coisa para nos preocupar, para tentarmos entender, para nos irritar, ou para tentarmos controlar e mudar. Não viveremos a vida como algo a ser celebrado porque isso nos manterá esgotados o tempo todo. Provavelmente ficaremos tensos e incapazes de relaxar.

Enquanto acreditarmos que algumas coisas estão fora do controle de Deus, nossa alma não poderá tirar férias porque haverá alguma coisa para nos preocupar.

Deus Sabe Todas as Coisas

Deus sabe todas as coisas (ver João 21:17)! Não deixe passar o "todas" desta afirmação. Ele conhece o fim desde o principio, por isso Ele também deve conhecer tudo que está no meio. Ele também tem todo o poder e toda a autoridade; todas as coisas estão debaixo dos Seus pés, e Ele enche tudo em todo lugar com a Sua presença (ver Mateus 28:18 e Efésios 1:21-23). Ele vê tudo, ouve tudo, e está em todo lugar o tempo todo. Se estas coisas são verdade, então por que ainda nos preocupamos e ficamos ansiosos? Por que ficamos emocionalmente angustiados quando temos um problema ou quando as coisas não acontecem como esperamos? Talvez seja porque realmente não acreditamos que Ele tem todo o poder, sabe todas as coisas, e nos ama com todo o amor que existe no universo.

Quantos de nossos pecados Ele perdoa? Ele perdoa alguns, a maioria, ou todos? A Bíblia diz que Ele perdoa todos eles e que nos purifica continuamente de toda injustiça. É uma dessas coisas que são completas e definitivas. Quando Jesus morreu na cruz, ele lidou com o pecado de uma vez por todas, segundo Hebreus, e a purificação prossegue continuamente; ela é ininterrupta e para todos os tempos (ver 1 João 1:9 e Salmos 103:1-3). Deus não colocou os nossos pecados de lado para poder dar uma olhada neles de vez em quando; eles não estão diante Dele permitindo que Ele os veja continuamente; Ele também não os guardou em uma caixa em algum lugar para poder tirá-los de lá se necessário e nos lembrar deles. Ele não os cobriu, não os varreu para baixo do tapete, mas os removeu completamente (ver Salmos 103:12). Ele lançou todos os nossos pecados para trás de Si (ver Isaías 38:17). Ele não está olhando para eles, nem tampouco quer que nós os olhemos.

Não precisamos pagar por eles porque Ele já cuidou disso também. Todos os nossos pecados foram completamente perdoados e já não existe nenhum sacrifício que precisamos fazer. Volte e leia isso novamente, por favor. Você viu o "todos" e o "foram"? Eles foram (não serão) todos (não alguns) perdoados! Jesus fez expiação pelos nossos pecados, e isto significa que a nossa conta foi paga, liquidada e que estamos quites com Deus. Temos paz com Deus através de Jesus Cristo. Podemos viver com nossa alma de férias e podemos celebrar a vida como ela deve ser celebrada. Podemos nos permitir relaxar e desfrutar Deus e a vida que Ele preparou para nós. Não precisamos estar tristes, deprimidos e desanimados por causa do nosso passado, nem mesmo pelo passado de um instante atrás! Deus não quer que vivamos a vida sempre olhando pelo retrovisor. Não precisamos deixar de ter qualquer alegria ou contentamento. Com boas notícias como estas, como podemos deixar de celebrar?

Todos os nossos pecados foram completamente perdoados e já não existe nenhum sacrifício que precisamos fazer.

Todas as Coisas são Possíveis

Se não existem impossibilidades, então podemos viver em constante vitória e nada pode nos ameaçar ou fazer com que sintamos medo do futuro. Com o homem muitas coisas são impossíveis, mas com

Deus *tudo* é possível (ver Marcos 10:27). Tudo que está dentro da vontade de Deus será realizado no Seu tempo e modo.

A vida é demais para nós? Existe alguma coisa que simplesmente não podemos suportar? Não de acordo com Deus, pois Ele diz através do apóstolo Paulo que podemos todas as coisas em Cristo que nos fortalece. Estamos prontos para qualquer coisa e somos capazes de qualquer coisa através daquele que nos deu força interior (ver Filipenses 4:13).

Antes de relaxarmos e deixar Deus ser o nosso tudo em tudo, geralmente temos de descobrir da maneira mais difícil que não podemos fazer tudo. O jeito mais difícil significa que continuamos tentando e fracassando sem parar até admitirmos a nossa total dependência de Deus. Esta pode ser uma jornada longa e dolorosa, e alguns nunca chegam ao fim dela, mas para aqueles que chegam, é o começo de uma vida com a alma em férias. Eles sabem que não podem fazer tudo, mas também sabem que Deus pode e decidem que será divertido observar enquanto Ele faz o que precisa ser feito como só Ele pode fazer. Adoro ver Deus trabalhar. É um dos meus maiores prazeres na vida.

Qual é a nossa suficiência sem Deus? Não tivemos nenhuma participação no nosso nascimento, nenhum controle sobre a nossa nacionalidade ou a cor da nossa pele, e não controlamos a nossa descendência nem as aptidões mentais e físicas básicas com as quais nascemos. Um poder que *ninguém* compreende mantém o nosso coração batendo, nossos pulmões inspirando ar, nosso sangue circulando, e a nossa temperatura corporal elevada. Um simples estudo do corpo humano certamente nos dirá que temos um Criador Divino. Que tragédia acreditar que evoluímos do macaco! Um cirurgião pode cortar o tecido humano, mas, por um milagre que ninguém compreende, o corpo se cura sozinho. Ficamos maravilhados e impressionados com a medicina disponível hoje em dia, mas todos nós envelhecemos e finalmente morremos, e nenhuma medicina moderna pode impedir isso!

Somos autossuficientes? Negativo!

A lei da gravidade que sustenta o mundo e o mantém coeso opera independente de nós. O equilíbrio entre o oxigênio e o nitrogênio é o exato para os homens e os animais. O planeta tem uma inclinação de exatamente 23,5 graus no seu eixo. Se essa inclinação variasse, continentes de gelo se formariam nos polos Sul e Norte com um deserto entre eles. Se o sol ficasse mais distante do que está congelaríamos até à morte, e se ele estivesse mais perto, morreríamos pela radiação solar. Se o equilíbrio de qualquer destas coisas de repente fosse alterado, ainda que minimamente, todos nós seríamos destruídos instantaneamente. A Bíblia diz que Jesus sustenta, mantém, orienta e impulsiona todo o universo pelo Seu poder (ver Hebreus 1:3). Parece um trabalho imenso, mas Ele faz isso sem qualquer esforço, sentado (descansando) ao lado de Deus.

Uma vez que sabemos que Deus está mantendo o universo em funcionamento adequado em todos os segundos de cada dia, por que duvidaríamos de que Ele pode cuidar de nós? Ele tem todo poder, toda autoridade, toda sabedoria, e Ele nos ama com um amor perfeito que nos é prometido incondicionalmente e para sempre. Coloque a sua fé Nele e entre no Seu descanso. Fé é apoiar toda a personalidade humana Nele em absoluta confiança no Seu poder, sabedoria e bondade (ver Colossenses 1:4). Pense nisto e pergunte a si mesmo se você confia plenamente em Deus. Você está apoiado Nele em todas as situações? Você crê que Ele tem poder para lhe ajudar, e que por possuir toda a sabedoria Ele sabe exatamente o que fazer e quando? Você crê que Deus é bom, e que Ele quer ser bom para você? Se você crê nestas coisas, então está pronto para a próxima boa notícia que tenho para você.

Não Há Nada Para Você Se Preocupar

A preocupação é totalmente inútil. Como costumo dizer, ela é como balançar-se em uma cadeira de balanço o dia inteiro: mantém você ocupado, mas não o leva a lugar nenhum. Eu era uma especialista em preocupação, por isso sei o tipo de fortaleza que a preocupação pode se tornar em nossas vidas. Também sei que a preocupação é um mau hábito que não é quebrado facilmente, mas uma vez que tudo é possível para Deus, então é possível vivermos livres da preocupação, da ansiedade e do medo. Se você estiver disposto a deixar de se preocupar, então poderá entrar em uma atitude de celebração. Você pode confiar em Deus e desfrutar a vida enquanto Ele soluciona os seus problemas. Permita-se parar de se preocupar.

A preocupação é totalmente inútil. Como costumo dizer, ela é como balançar-se em uma cadeira de balanço o dia inteiro: mantém você ocupado, mas não o leva a lugar nenhum.

Não há nada que esteja fora do controle de Deus, portanto, na verdade não há nada para se preocupar. Se por algum motivo Deus não pudesse controlar alguma coisa, o que nos faria pensar que nós poderíamos? Quando começamos a olhar a preocupação de forma realista, vemos o quanto ela é totalmente inútil. Nossas mentes giram interminavelmente em torno de um problema, buscando respostas que só Deus possui. Podemos refletir sobre algo e pedir sabedoria a Deus, mas não temos permissão de Deus para nos preocuparmos. Refletir em algo com Deus gera paz, mas a preocupação gera tormento. Quando nos preocupamos, nos atormentamos! Podemos orar e pedir a Deus que nos ajude a não nos preocuparmos, mas finalmente temos de optar por colocar o nosso pensamento em outra coisa além dos nossos problemas. A recusa em se preocupar é prova de que confiamos em Deus e O libera para trabalhar em nosso favor.

A preocupação é um grande problema para as pessoas. Imagino quanto do nosso tempo mental é gasto com a preocupação, a racionalização e o medo – possivelmente mais do que é gasto em qualquer outra coisa. Em vez de meditar nos nossos problemas, vamos optar por meditar nos "tudos" de Deus. Vamos entender o quanto o Seu poder é ilimitado e confiar Nele para fazer aquilo que nós não podemos fazer.

Na versão bíblica *Amplified Bible*, originalmente escrita em inglês, um versículo relativamente pequeno da Bíblia usa as palavras "todos e todas" cinco vezes:

> Lançando sobre Ele *todos* os vossos cuidados
> [*todas* as vossas ansiedades, *todas* as vossas preocupações,
> *todas* as vossas aflições, de uma vez por *todas*], porque Ele tem
> cuidado de vós afetuosamente enquanto vos observa.
>
> I PEDRO 5:7, AMP (ÊNFASE DA AUTORA)

Estou lhe pedindo para dedicar tempo a ler este versículo, palavra por palavra, e pensar no que ele realmente significa. Recebemos revelação através da meditação, e não apenas lendo rapidamente. Há um grande valor em digerirmos um versículo uma palavra de cada vez.

Lançar significa arremessar ou jogar. Portanto, precisamos nos recusar com determinação a nos preocuparmos – jogar a preocupação fora! *Todos os nossos cuidados* significa a totalidade dos nossos cuidados. Toda ansiedade, toda preocupação, toda aflição deve ser jogada fora, e devemos fazer isso completamente, de uma vez por todas, de modo que tomemos a decisão de nunca desperdiçar um minuto de nossas vidas nos preocupando. Não apenas devemos jogar fora os nossos cuidados, mas este versículo diz que devemos lançar os nossos cuidados *em Deus*! Porque Ele é Deus, Ele pode – e quer – absorver os nossos cuidados. Que presente! Deus *cuida de nós afetuosamente* – não de má vontade. Deus gosta de cuidar de nós. Ele cuida de tudo que diz respeito a nós, e Ele está sempre nos *observando*. Nada passa sem ser percebido por Deus.

Mesmo que tomemos a firme decisão de não nos preocupar, a preocupação se apresentará e tentará deslizar de volta para o nosso pensamento. A nossa função é expulsá-la no instante em que percebermos que ela está tentando ocupar espaço no nosso pensamento. Admito que inicialmente isso é uma tremenda batalha, mas a perseverança sempre recompensa. O diabo irá nos provar para ver se falamos sério, por isso devemos permanecer firmes na nossa decisão. NÃO PERDEREI UM MINUTO DA MINHA VIDA ME PREOCUPANDO! Repita isto diversas vezes até que este novo pensamento se torne parte de você. Quando for tentado a se preocupar, sugiro que, em vez disso, você celebre alguma coisa que Deus fez por você no passado. Lembre-se, o diabo odeia festas, mas Deus gosta delas.

Em vez de tendermos para o lado negativo meditando em nossos problemas, vamos procurar as coisas em nossa vida que um dia foram problemas e hoje estão solucionadas. Podemos celebrá-las, e quando o fizermos isso aumentará a nossa fé de que as situações atuais também se resolverão. Meditar em coisas boas é uma decisão que você precisa tomar e não um sentimento que você espera para ter.

Você pode dirigir a sua vida de acordo com a vontade de Deus, em lugar de permitir que ela dirija você. Lembre-se de que Deus tem todo o poder e que você está Nele, portanto, você também tem todo o poder. Você não é um fraco inútil que tem de tolerar qualquer tipo de pensamento que cai em sua mente. Você tem armas de guerra que lhe permitirão expulsar os pensamentos e imaginações erradas (ver 2 Coríntios 10:4-5). Essas armas são a Palavra de Deus sendo usada de várias formas. Podemos cantar a Palavra, declarar a Palavra, ler a Palavra, estudar a Palavra e meditar na Palavra. Você só pode pensar em uma coisa de cada vez, portanto, na próxima vez que começar a se preocupar, simplesmente decida pensar em outra coisa e vá em frente e aproveite o seu dia enquanto Deus trabalha na situação.

Na próxima vez que começar a se preocupar, simplesmente decida pensar em outra coisa e vá em frente e aproveite o seu dia enquanto Deus trabalha na situação.

Tire umas Férias Enquanto Trabalha

Quando aprendemos a viver sem nos preocupar, podemos fazer nosso trabalho ou o que quer que precisemos fazer, enquanto nossa alma está em férias. Podemos lidar com as circunstâncias desagradáveis e tratar de todas as responsabilidades que temos, e ainda assim permanecer totalmente em paz e calmos. Lembro-me de compartilhar esta mensagem uma vez em uma igreja, e o pastor da igreja teve uma revelação do que eu estava dizendo e literalmente lançou suas mãos para o ar, escorregou para uma posição relaxada em sua cadeira, e disse "Posso pastorear esta igreja enquanto minha alma está em férias".

Creio que aqueles de nós que estão na liderança se sentem responsáveis por garantir que tudo esteja nos eixos. É claro que devemos ser responsáveis, mas se adquirirmos um senso de responsabilidade falso ou exagerado, jamais desfrutaremos do que fazemos. Lançar os seus cuidados não significa que você não se importa com o que aconteça; significa simplesmente que você sabe que só Deus pode mudar a situação. A sua fé está Nele e não em você, e você pode permitir que a sua mente, suas emoções e a sua vontade descansem Nele.

Seja qual for a sua responsabilidade na vida, você pode desfrutar de todo o processo se aprender a deixar a sua alma (mente, vontade e emoções) descansar. Davi disse: "Tem misericórdia de mim, ó Deus, pois em Ti a minha alma se refugia e encontra abrigo e confiança" (Sl 57:1, AMP). Davi disse que a alma dele (sua mente, vontade e emoções) estava descansando em Deus. A alma dele estava em férias! Sugiro que você passe tempo todas as manhãs decidindo como você vai reagir ao dia que se inicia. Decida-se a estar em paz, independente do que aconteça.

A nossa alma precisa estar calma e não em tormento. Se você der uma olhada na sua vida interior, o que vê? Você está preocupado, angustiado e resistindo teimosamente ao plano de Deus, ou está silenciosamente esperando em Deus, na expectativa de que Ele seja o seu tudo em tudo?

> A minha alma descansa somente em Deus;
> dele vem a minha salvação.
>
> SALMO 62:1

Quanto tempo faz desde que você deu férias à sua alma? É possível levar o seu corpo físico de férias por semanas e, no entanto, durante todo esse tempo, nunca permitir que a sua alma entre em férias. Você pode se deitar na praia de um lindo resort em uma ilha do Caribe enquanto a sua alma está atormentada. A sua alma precisa de férias, possivelmente até mais do que o seu corpo. Ela precisa estar calma e descansada. Toda a premissa de "coma o biscoito... compre os sapatos" destina-se a permitir que a sua alma descanse. Não é errado deixar de lado as exigências e circunstâncias da vida por algum tempo e fazer alguma coisa de que você goste.

Não é errado deixar de lado as exigências e circunstâncias da vida por algum tempo e fazer alguma coisa de que você goste.

Se aprendermos a fazer as coisas do jeito de Deus, poderemos trabalhar com a nossa alma em férias e poderemos tirar férias sem que a nossa alma trabalhe! Um dia de descanso interior provavelmente vale mais para a nossa saúde geral do que duas semanas de férias físicas. Experimente – comece a praticar deixando a sua mente e as suas emoções descansarem e, enquanto faz isso, diga a Deus frequentemente que você está confiando Nele para suprir todas as suas necessidades (ver Filipenses 4:19).

A qualquer momento em que sua alma começar a se agitar, lembre-se deste versículo:

> Retorne ao seu descanso, ó minha alma,
> porque o Senhor tem sido bom para você.
>
> SALMO 116:7

Dê o Seu
Tudo a Deus

Quando damos o nosso tudo a Deus, estamos na verdade dizendo a Ele: "Deus, seja feita a Tua vontade e não a minha". Esta é a única maneira de vivermos com a nossa alma em férias. De outro modo, estaremos sempre lutando com alguma coisa que não está funcionando do jeito que queremos. Existimos para a glória de Deus, e ser obedientes à Sua vontade deve ser o nosso objetivo.

> ... todas as coisas foram criadas por Ele e para Ele. Ele é antes de todas as coisas, e Nele tudo subsiste. Ele é a cabeça do corpo... para que em tudo tenha a supremacia.
>
> COLOSSENSES 1:16-18

Deus é a sua cabeça? Ele é o seu Rei, o seu Chefe, e a vontade Dele governa nas suas decisões? Você já entregou a Deus o seu tudo? Precisamos responder a estas perguntas sinceramente, e se não pudermos dizer sim, sim e sim – então precisamos mudar.

Jesus disse a Seu Pai "Tudo o que tenho é Teu, e tudo o que tens é Meu" (ver João 17:10). Que lindo versículo! Estas treze palavras contêm um enorme significado. Há algo que você não tenha liberado para Deus? Seja o que for, isso está lhe ferindo mais do que você pensa. Quando nos apegamos teimosamente à nossa vontade, isto nunca é bom para nós. Qualquer coisa que Deus nos diga para fazer é sempre e unicamente para o nosso bem e se acreditamos nisso poderemos "Abrir mão e deixar Deus ser Deus".

Fui especialista em teimosia por mais anos do que gostaria de admitir, e talvez você também tenha sido. Mas a boa notícia é que podemos mudar! Podemos nos render e quando fazemos isso, a nossa vontade sai de férias. Na noite passada, tive a oportunidade de praticar o que estou pregando. Dave tinha planos de jogar golfe hoje, e posso dizer que seria uma entre muitas vezes em que ele jogou ultimamente. Eu, por outro lado, tenho trabalhado obedientemente neste livro. Perguntei a ele se poderia jogar cedo e chegar em casa por volta das três horas para que pudéssemos sair e comer mais cedo. Ele respondeu que queria ter bastante tempo para orar e estudar antes de sair para o campo de golfe e que não queria ter pressa, já que era seu último dia para jogar durante esta viagem. Pude sentir minha alma deixando seu período de férias bem naquele instante. Senti as palavras se formando em minha alma e abrindo caminho até minha boca para se expressarem. Eu disse: "Você podia se sacrificar um pouco; afinal, tenho trabalhado a semana inteira!" Pude ver imediatamente que aquele tipo de abordagem não ia funcionar, então decidi rapidamente entregar as coisas a Deus. Disse a Dave: "Você toma a decisão e eu me adaptarei ao que quer que seja". Ao fazer isso, eu estava dando o meu tudo a Deus, e imediatamente minha alma voltou às suas férias e Deus pôde trabalhar no coração de Dave. Dentro de menos de um minuto, Dave disse: "Eu provavelmente estarei em casa por volta das três". Quando penso na briga que poderíamos ter tido, fico tão feliz por ter aprendido a entregar tudo a Deus! Se Ele não puder convencer Dave, certamente eu também não posso. Não conheço o seu marido, mas percebi que o meu não gosta de ser convencido por mim; ele gosta de pensar que as coisas foram ideia dele. Mesmo se Dave não tivesse mudado de ideia, não me teria feito nenhum bem ficar irritada. Ele continuaria se divertindo jogando golfe e eu teria ficado angustiada e infeliz.

Todos nós passamos por situações semelhantes toda semana, e até mesmo diariamente. Como podemos viver com a nossa alma em férias se vamos tentar convencer Deus e todo mundo a fazer as coisas do nosso jeito? Não podemos! Então, por que não entregar o nosso tudo a Deus, para podermos experimentar o tudo Dele em nossas vidas?

Como podemos viver com a nossa alma em férias se vamos tentar convencer Deus e todo mundo a fazer as coisas do nosso jeito?

Mencionei anteriormente que uma de minhas maiores alegrias na vida é ver Deus trabalhar. Podemos abrir a porta para Deus fazer coisas impressionantes através da nossa submissão a Ele, ou podemos fechar a porta sendo teimosos. Minha decisão de calar a boca e entregar a situação com Dave e seu golfe a Deus não é tão difícil agora porque já tive a experiência de como é maravilhoso viver com minha alma em férias. Mas houve um tempo em que esta era uma das coisas mais difíceis do mundo para mim. Não espere que entregar o seu tudo a Deus seja fácil no começo. É fácil de dizer, mas não é tão fácil de fazer. A nossa alma é muito viva – ela tem opiniões e pensamentos fortes, emoções fortes e uma vontade forte. Ela quer o que quer, e quando quer. Entregar a nossa alma a Deus com êxito será semelhante a domar um cavalo selvagem. Haverá uma grande batalha, mas você apreciará a corrida quando a batalha terminar. Satanás definitivamente não quer que você viva com a sua alma em férias. Ele quer que você se preocupe, fique emocionalmente angustiado ou deprimido, e que lute teimosamente para ter o que deseja e resista à boa vontade de Deus. Infelizmente, este é o estado de muitos cristãos. Eles vão à igreja e cantam o hino "Tudo Entregarei", mas isso é o máximo que conseguem fazer. Não existe muito ensinamento sobre a alma, e muitas pessoas não entendem o importante papel que ela exerce em nossa vida. A verdade é que não importa há quanto tempo você é cristão, se a sua alma está um caos, você é infeliz. O mundo já está cheio de pecadores infelizes, portanto, definitivamente não precisamos de cristãos infelizes!

Não Perca o Melhor de Deus

O apóstolo Paulo implorou àqueles a quem ele ensinava que dedicassem todos os seus membros e faculdades a Deus para fazer a vontade Dele e para o uso Dele (ver Romanos 12:1). Deus resolverá a situação se nós nos recusarmos a fazer isso, porque Ele encontrará um vaso submisso através do qual possa operar. Mas nós perderemos o melhor de Deus para nós.

Por que Deus escolheu Noé e sua família para serem salvos na arca durante o dilúvio? O que havia de tão especial com relação a este homem? A Bíblia diz que Noé fez segundo *tudo* que Deus lhe ordenou. Até que ponto estamos dispostos a ser obedientes? Principalmente se o que Deus nos pede não faz sentido para a nossa mente ou não está de acordo com o que sentimos em nossas emoções? Duvido que Noé entendesse o que Deus estava lhe pedindo para fazer quando pediu que ele construísse uma arca para um dilúvio que viria. Noé deve ter sido alvo de riso de toda aquela região. Estou certa de que a obediência dele feriu a sua reputação junto aos homens. Até que ponto você está disposto a obedecer a Deus se a sua obediência provavelmente ferir a sua reputação juntos aos homens?

Paulo disse que se estivesse tentando ser popular com as pessoas, ele jamais poderia ter se tornado um apóstolo do Senhor Jesus Cristo. Não podemos sempre agradar e Deus e às pessoas ao mesmo tempo.

A Bíblia não diz isso, mas talvez Noé não tenha sido o primeiro ou o único homem a ser convidado a construir a arca. Talvez Deus tenha convidado outros, mas Noé tenha sido o único que estava disposto a obedecer a Deus. Deus não está procurando pessoas que necessariamente tenham uma capacidade impressionante, mas Ele procura disponibilidade, e uma pessoa que esteja disposta simplesmente a fazer o que Ele pede que ela faça. Se erguermos as nossas mãos a Deus e dissermos "Estou disponível para fazer o que quer que Tu queiras que eu faça", poderemos viver com a nossa alma em férias. Teremos paz e alegria enquanto passamos pela vida.

A Bíblia usa algumas palavras que não ouvimos com muita frequência hoje em dia, e creio que devemos dar uma olhada em algumas delas:

Dedicação – Devotado a alguma coisa, devotado a um ser divino, separado para um propósito especial.

Você é dedicado a Deus?

Consagração – Ungido com o Espírito Santo para um propósito especial, não para ser usado para outros fins; tornado sagrado por meio de uma cerimônia (ver Romanos 1:7 e 1 Pedro 2:5).

Você se vê como alguém que é separado para um propósito especial na vida?

Sacrifício – Oferecer algo a Deus abrindo mão de alguma coisa que temos. Podemos sacrificar louvor, ações de graças, dinheiro, tempo, ou qualquer coisa que tenhamos. Também podemos sacrificar a nós mesmos. Deus quer que venhamos a Ele como um sacrifício vivo.

Você está disposto a fazer qualquer sacrifício pessoal para estar dentro da vontade perfeita de Deus?

Submissão ou obediência – Fazer o que nos é pedido para fazer por alguém em posição de autoridade, e com uma boa disposição.

Você é submisso a Deus e a qualquer outra autoridade em sua vida?

Punição – Correção de Deus (feita em amor) ensinando as pessoas a obedecer a Ele. Treinamento (muitas vezes doloroso) que tem a intenção de desenvolver o nosso caráter e nos tornar pessoas melhores.

Você recebe a punição de Deus com uma atitude de celebração?

Poda – Cortar a parte doente de uma planta. Somos plantação de Deus e Ele é o Divino Agricultor (ver João 15:1-2).

Como você reage quando Deus corta fora de sua vida alguma coisa de que você gosta?

Minha experiência como professora da Palavra de Deus me mostra que as pessoas normalmente preferem ouvir palavras como "amor", "graça", "paz", "prosperidade" e "bênção". Elas perdem o sorrido e se tornam bastante sombrias quando ouvem palavras com as que defini acima. No entanto, descobri que embora possam não aplaudir e aclamar enquanto são ensinadas a respeito destas palavras, elas ficarão muito felizes mais tarde se aprenderem a agir com o Espírito Santo na aplicação dessas disciplinas à sua vida.

Que tipo de livros você lê? Que tipo de ensino e pregação você prefere ouvir? Você tem livros em sua biblioteca sobre desenvolvimento de caráter, integridade, crescimento espiritual e maturidade, relacionamento profundo com Deus, viver na presença de Deus, e obediência a Deus? Ou você só lê coisas que o fazem sentir-se bem, mas não confrontam o seu comportamento ou o desafiam a mudar? Provavelmente eu poderia ir até à casa de alguém, olhar a sua biblioteca e lhe dizer que tipo de cristão ele é e o quanto está interessado em um relacionamento profundo com Deus.

Oferecemos em nossas conferências materiais que ajudarão as pessoas a amadurecerem espiritualmente, mas costumo esconder o "alimento sólido" da palavra debaixo de títulos que parecem "sobremesa", para que as pessoas os comprem. Por exemplo, tenho uma série sobre obediência que intitulei de "Como ser radicalmente e escandalosamente abençoado". Preciso usar a mesma tática quando dou remédio à minha cadela. Pego a pequena pílula para dor e enrolo queijo ou peru em volta da mesma, para que ela pense que é um petisco. Esta é a única maneira de fazer com que ela tome o remédio.

Certa vez, tive uma série de ensino sobre orgulho e humildade e ninguém a comprava porque as pessoas que precisavam do estudo estavam muito preocupadas (orgulhosas) que alguém pudesse vê-las comprando esse material e achasse que elas precisavam dele. Também fiz a experiência com uma série intitulada "Desenvolvendo a Paciência", e ela também não vendeu muito bem. Na verdade, ouvi algumas pessoas conversando no balcão de vendas, e dizendo: "Você não vai querer comprar isto, você sabe o que acontece quando oramos pedindo paciência". Elas sabiam que a paciência só se desenvolve passando por tribulação, mas não queriam descobrir o bastante para realmente começarem a lidar com o processo. Como eu disse anteriormente, o conhecimento racional sozinho é praticamente inútil. Os princípios de Deus devem ser trabalhados em nossas vidas pelo estudo da Palavra e através do direcionamento do Espírito Santo. Precisamos do que o apóstolo Paulo chamou de "alimento sólido" da Palavra. Precisamos de ensinamentos que lidem com as atitudes erradas, com o pecado, com o morrer para o eu, e outras lições importantes.

O Espírito Santo conduziu Jesus ao deserto, um lugar desconfortável onde Ele foi tentado pelo diabo por quarenta dias (ver Lucas 4:1-2). Por quê? Para que Jesus pudesse colocar os em prática os princípios que havia estudado e ter a experiência de resistir e derrotar Satanás. Não adquirimos músculos (físicos ou espirituais) sem exercício. Sempre que Deus nos levar para um lugar difícil será para o nosso bem definitivo. Se você tem evitado dificuldades, eu o encorajo a abraçá-las, porque elas o ajudarão a ser o que Deus quer que você seja.

Este Pode Ser um Momento de Decisão

Talvez você esteja sendo convencido de que não entregou o seu tudo a Deus. Bem, este pode ser um momento de decisão em sua vida. Tudo que o separa da vontade de Deus é uma decisão. Prefiro começar errado e terminar certo a começar certo e terminar errado. A Bíblia está cheia de histórias de homens que começaram dentro da vontade de Deus, mas terminaram se afastando da vontade de Deus para caminhar em direção à sua própria vontade.

**Prefiro começar errado e terminar certo
a começar certo e terminar errado.**

Saul foi ungido por Deus para ser rei, e ele fez algumas das coisas que Deus lhe disse para fazer, mas não fez tudo que o Senhor lhe disse para fazer. Precisamos entender a importância do tudo. O *tudo* faz toda a diferença no mundo. *Um pouco* do que Deus requer não funciona com Ele; se realmente queremos agradar a Deus, é tudo ou nada! Ele está procurando obediência, e não sacrifício.

Saul fez quase tudo o que Deus pediu, mas "quase tudo" é muito enganoso. Podemos facilmente nos enganar, como Saul fez, pensando que fizemos o que Deus mandou. Saul não havia feito a vontade de Deus e foi confrontado pelo profeta Samuel. O profeta lhe disse: "O Senhor o enviou numa missão, ordenando: Vá, e destrua completamente aquele povo ímpio, os amalequitas, guerreie contra eles até que os tenha eliminado. Por que você não obedeceu ao Senhor? Por que você se lançou sobre os despojos e fez o que o Senhor reprova?" Saul respondeu a Samuel dizendo: "Mas eu obedeci ao Senhor! Cumpri a missão que o Senhor me designou. Trouxe Agague, o rei dos amalequitas, e exterminei os amalequitas. Os soldados tomaram ovelhas e boi do despojo, o melhor do que estava consagrado a Deus para destruição, a fim de os sacrificarem ao Senhor seu Deus, em Gilgal" (1 Sm 15:18-21). Foi neste ponto que Samuel disse a Saul que Deus não queria sacrifícios, mas obediência.

Se estudarmos esta história, podemos aprender uma grande lição. Primeiramente, vemos que Saul fez quase tudo que Deus ordenou, mas o pouco que ele não fez lhe trouxe tantos problemas como se ele tivesse se recusado a fazer até mesmo um pouco. Em segundo lugar, podemos ver que Saul enganou a si mesmo. O seu próprio raciocínio negou à sua consciência a sua função normal e saudável. Creio que a pior parte desta história foi Saul ter dito a Samuel que ele ficou com o melhor dos despojos para sacrificar a Deus. Ele disse que desobedeceu a Deus para fazer um benefício a Ele. Este é o pior tipo de engano!

A pior coisa sobre a desobediência é que ela promete fazê-lo feliz lhe dando o que você quer, mas acaba deixando-o infeliz. Nunca podemos ser felizes de verdade com nada menos do que a vontade perfeita de Deus. Já ouvi pessoas falarem sobre a vontade permissiva de Deus, dizendo que Deus quer que andemos na Sua vontade perfeita, mas que existe a vontade permissiva de Deus, que fica em algum lugar entre estar completamente fora da vontade de

Deus e estar dentro da Sua vontade perfeita. Suponho que signifique alguma coisa que Deus poderá tolerar, mas não aprova.

Pessoalmente, não gosto deste tipo de ensino porque creio, como alguém que ensina a Palavra de Deus, que é minha função ajudar as pessoas a serem excelentes, e não medíocres. Entendo que podemos passar a maior parte da vida nos esforçando para estar dentro da vontade perfeita de Deus, mas devemos definitivamente ter fome por isso, ansiar por isso, buscar isso e correr atrás disso com toda a nossa força. Não sejamos pessoas medíocres, que ficam em algum lugar no meio do caminho entre o pior e o melhor de Deus. Não consigo pensar em um bom nome para esse lugar, mas suponho que seremos bastante precisos se o chamarmos de caos.

Saul começou bem, mas se desviou bem depressa para fazer as coisas do seu jeito. Jacó, por outro lado, começou muito mal e terminou bem. Jacó era um homem que enganava, mentia, trapaceava, e fazia conluios para conseguir o que queria, mas finalmente entregou o seu tudo a Deus e se tornou um grande servo do Senhor. Em Gênesis 32:22-28 podemos ler sobre como Jacó foi restaurado para Deus depois de se dispor a abrir mão de tudo que tinha para ter paz em sua alma. Sua alma definitivamente precisava de férias. Ele havia passado sua vida fugindo e se escondendo, preocupando-se em ser apanhado e punido por seu comportamento enganoso. Mas ele decidiu mudar. Nunca é tarde demais para fazer o que é certo! Este pode ser um momento de decisão para você se você precisa de um.

O Seu Comportamento Agrada a Deus?

No início deste livro, declarei que Deus tem prazer em nós como Seus filhos. Ele nos ama e nos aceita como somos, mas se o nosso coração for reto para com Ele, nós também vamos querer agradá-lo em tudo. Deus se agrada da forma como você se veste, como gasta o seu dinheiro, com as suas escolhas de entretenimento, com o que você lê, assiste e conversa? É verdade que Deus nos ama independente das escolhas que façamos, mas Ele também disse que se nós O amássemos, obedeceríamos a Ele (ver João 14:15). A consagração total é definitivamente uma jornada, mas a questão é, para onde você vai? Você quer a vontade perfeita de Deus o bastante para sacrificar qualquer coisa para tê-la? Você está disposto a dar a Deus o seu tudo?

Jesus certa vez disse a um jovem administrador rico que desse todo o seu dinheiro aos pobres, e o jovem foi embora triste porque era incapaz de dar os seus bens (ver Mateus 19:21-22). Jesus os teria dado de volta muitas vezes mais com alegria, mas o jovem não passou no teste. Ele ficou com os bens, mas não teve alegria. Infelizmente, muitas pessoas no mundo estão na mesma situação desse jovem. Os bens acabam ficando entre elas e Deus, e, infelizmente, são mais importantes para elas do que deveriam ser. Essas pessoas se agarram obstinadamente aos seus caminhos e à sua teimosia, recusando-se a se submeter a Deus; elas acabam tristes, deprimidas, iradas e incapazes de manter bons relacionamentos. Estão sempre procurando alguma coisa para preencher o vazio que existe em sua alma.

Ah, se as pessoas apenas conhecessem a beleza de viver com a alma em férias! Dê férias à sua vontade, submetendo-a a Deus, e comece a celebrar a vida. Pare de lutar com Deus, e você irá parar de andar em volta das mesmas montanhas (problemas), porque está determinado a ter o que quer.

**Dê férias à sua vontade, submetendo-a a Deus,
e comece a celebrar a vida.**

O que o homem mais rico do mundo tem se o seu dinheiro desaparecer? O que a estrela de cinema ou cantora mais famosa tem se alguma coisa acontecer e ela perder a capacidade de atuar? O que a mulher mais linda do mundo tem quando envelhece e sua pele fica enrugada, seu cabelo fica grisalho, e talvez ela esteja andando com uma bengala. Precisamos tomar decisões agora que nos farão felizes mais tarde, porque o mais tarde sempre chega. Quero dar o meu tudo a Deus para que eu nunca venha a me lamentar mais tarde sobre como poderia ter sido se eu tivesse obedecido.

Quando entregamos o nosso *tudo* a Deus, quando obedecemos a Ele em *todas* as coisas, quando *toda* a nossa confiança está Nele, e quando só queremos o que Ele quer que tenhamos, nada mais resta para a alma senão a paz e o descanso (férias). Descobrimos a vida de ressurreição de que Paulo falava – aquela que nos levanta de entre os mortos enquanto ainda estamos no corpo. O Salmista falou sobre estar escondido no lugar secreto do Altíssimo (ver Salmo 91:1). Creio que encontramos esse lugar quando sabemos que Dele, por Ele e para Ele são *todas* as coisas. Pois *todas* as coisas têm origem Nele, vivem através Dele, estão centradas Nele, e terminam Nele (ver Romanos 11:36).

Você está cansado, esgotado, sobrecarregado e exausto? Então venha a Jesus e Ele dará férias para a sua alma! Sua mente, suas emoções e sua vontade podem descansar, e você pode ser um cristão que é um "aleluia" da cabeça aos pés, como Santo Agostinho disse que você deve ser.

Celebre a Disciplina

Viver com a nossa alma em férias requer disciplina. Na superfície, isso soa como uma contradição. Mas precisaremos usar a disciplina nos nossos pensamentos, nas nossas emoções, e na disposição de abrir mão da nossa vontade em favor da vontade de Deus. Se quisermos abrir mão da preocupação, da irritação e da teimosia, e em vez disso escolhermos celebrar, festejar, comer biscoitos, comprar sapatos, brincar e nos banquetear por vários dias de uma vez, será que eventualmente não teremos problemas? Sim, teríamos se não tivéssemos equilíbrio. É por isso que precisamos entender o papel que a disciplina deve exercer em todas as áreas da vida. Geralmente as pessoas fazem careta e reclamam quando ouvem a palavra "disciplina", mas a disciplina não é nossa inimiga. Na verdade, ela é uma grande amiga. A disciplina nos ajuda a sermos o que dizemos que queremos ser e a ter o que dizemos que queremos ter, mas nunca teremos sem ela. De acordo com as Escrituras, Deus nos deu um espírito de disciplina e domínio próprio (ver 2 Timóteo 1:7). O domínio próprio é um dos frutos de uma vida guiada pelo Espírito. Uma vida sem disciplina é um desastre, e uma vida que é só disciplina sem celebração é um deserto árido. Precisamos ter equilíbrio!

Enquanto aprendemos a celebrar outras coisas, vamos também aprender a celebrar a disciplina, porque ela é uma ferramenta maravilhosa que Deus nos deu para nos ajudar e não para nos dominar. Quando várias disciplinas se tornam leis, elas passam a nos dominar e passamos a ser escravos delas. Por exemplo: Quando eu era uma jovem mãe e dona de casa, era extremamente disciplinada quanto ao meu trabalho doméstico. Limpava a casa todos os dias e isso incluía tirar a poeira, lustrar, varrer e usar o aspirador de pó. É claro que os pratos sujos nunca ficavam na pia muito tempo, e a roupa suja era lavada diariamente. Eu me recusava a fazer qualquer coisa que pudesse ter de longe um ar de distração, até que todo meu trabalho estivesse concluído. Eu tinha orgulho de mim mesma e realmente menosprezava minhas amigas menos disciplinadas.

**Vamos também aprender a celebrar a disciplina,
porque ela é uma ferramenta maravilhosa que Deus
nos deu para nos ajudar e não para nos dominar.**

À medida que fui crescendo no meu relacionamento com Deus, comecei a aprender a ser guiada pelo Espírito Santo. Um dia algumas amigas me convidaram para ir ao shopping com elas e eu não apenas tive vontade de ir, como senti que o Espírito Santo estava me dizendo para ir. No entanto, eu disse não, porque a minha rotina disciplinada havia se tornado para mim uma lei segundo a qual eu viva. Eu nunca me desviava dela – fazia todo o meu trabalho antes de qualquer outra coisa! Acabei tendo um dia infeliz. Eu me ressentia pelo fato de estar trabalhando e minhas amigas se divertindo, mas não conseguia ver que a culpa era minha. Nada deu certo naquele dia, porque eu estava sendo dirigida pela Joyce e não por Deus.

Quando era criança, percebia que não era corrigida por meu pai quando estava trabalhando, só quando estava brincando ou rindo alto demais. A meu ver, parecia que o mundo aplaudia o trabalho, mas menosprezava a brincadeira. Eu me sentia segura quando estava trabalhando e seguindo as regras. Felizmente, finalmente aprendi que embora as disciplinas sejam necessárias, não precisamos deixar que elas nos governem. É permitido dizer ocasionalmente: "Simplesmente não consigo seguir esta disciplina hoje... preciso relaxar!" Deus me ensinou que a sujeira ainda estaria ali no dia seguinte e que, como Marta, eu costumava ficar excessivamente ansiosa e preocupada com coisas com as quais não precisava me preocupar. Todas nós precisamos de alguns dias de Maria. Dias em que relaxamos e nos permitimos uma pausa!

Ocasionalmente, podemos deixar de ir à ginástica, de manter a dieta, de limpar a casa, ou de fazer o que quer que seja parte da nossa rotina, e isto não é errado desde que também tenhamos a disciplina de voltar aos eixos no dia seguinte. O problema ocorre quando temos mais dias indisciplinados do que dias disciplinados. Israel recebeu ordens de Deus de fazer festas e celebrações várias vezes no ano, mas eles também receberam ordens de trabalhar mais do que festejar. Deus disse que em seis dias Ele criou o mundo e descansou no sétimo, e Ele nos deu a mesma fórmula.

Como um biscoito (com recheio gelado) aproximadamente uma vez por semana, mas sei que não posso comer um diariamente e não ter maus resultados. Infelizmente, algumas pessoas não conseguem fazer as coisas com moderação. Elas dizem "Comigo é tudo ou nada". Porém, não creio que esta seja a maneira que Deus deseja que sejamos. Algumas pessoas já me disseram que se permitirem a si mesmas comer um biscoito, elas acabarão comendo outro, e mais outro, e mais outro, e assim precisam dizer *não* a si mesmas o tempo todo. Elas também me dizem como sentem pena de si mesmas porque todo mundo pode comer uma sobremesa e elas não. Creio que o diabo enganou essas pessoas e que elas se esqueceram de que Deus lhes deu espírito de disciplina e domínio próprio. Você pode dizer sim quando quiser e não quando quiser. Há em você o mesmo poder que ressuscitou a Cristo dentre os mortos!!!!!!!!

Desenvolva uma Nova Imagem

A maneira como você se vê é a sua imagem de si mesmo. É como um retrato que você carrega na sua carteira mental e afeta todas as suas palavras, as suas emoções, as suas atitudes, e as suas decisões. Se você se vê como alguém que não pode se controlar, então é assim que você será. Se você se vê como uma pessoa que tem disciplina e domínio próprio, manifestará disciplina e domínio próprio.

No reino de Deus as coisas funcionam de modo diferente dos caminhos do mundo. Por exemplo, a Palavra de Deus nos ensina a alinhar o nosso pensamento ao Dele, e então o que Ele diz acontecerá (Provérbios 23:7). Isso é o oposto da maneira como a pessoa comum que não tem conhecimento dos caminhos de Deus funciona. Ela só acredita no que vê. Ela não tem conhecimento ou convicção na esfera espiritual. Como cristãos, primeiro cremos e depois vemos! Confiamos na Palavra e nas promessas de Deus mais do que naquilo que sentimentos ou vemos com os nossos olhos naturais.

Se Deus diz que temos um espírito de disciplina e domínio próprio, então precisamos pensar e dizer que temos um espírito de disciplina e domínio próprio. Se você se vê como Ele o vê (completo), você se tornará o que Ele diz que você é. Precisamos nos lembrar de que Deus vê o fim desde o começo. Ele chamou Abraão de "pai de muitas nações" muito antes de Abraão ter um filho. Ele nos chama de pessoas disciplinadas e com domínio próprio e precisamos ter essa imagem divina se quisermos ter uma vida de liberdade.

Disciplina é Liberdade

Como você vê a disciplina? Você a vê como algo que o controla, ou como algo que o ajuda a controlar a si mesmo? Você a vê como algo que *tem* de fazer, ou como algo que o ajuda a se tornar a pessoa que você realmente quer ser? Viver uma vida disciplinada é o único caminho para a liberdade. Disciplina não é escravidão – é liberdade!

Disciplinar-nos para fazer exercícios e desenvolver hábitos de alimentação saudável nos liberta para nos sentirmos bem e confortáveis em nossas roupas. Disciplinar-nos para administrar o nosso dinheiro com sabedoria nos liberta da pressão da necessidade e da dívida. Disciplinar-nos para sermos excelentes em vez de medíocres ou preguiçosos nos dá a alegria do respeito por nós mesmos. Disciplina é trabalho árduo, mas é mais fácil do que tentar viver uma vida fora de controle.

A disciplina nos permite desfrutar de uma casa, de um carro e de um local de trabalho limpos e bem cuidados. De muitas maneiras, a disciplina nos liberta do medo. Não temos de temer uma reviravolta econômica se tivermos nos disciplinado a estar preparados espiritualmente e financeiramente. Disciplina e domínio próprio são dons de Deus e têm a intenção de nos ajudar a desfrutar a vida abundante que é a vontade de Deus para nós.

Este livro é sobre desfrutar a liberdade da celebração. É sobre dar a si mesmo uma pausa e se recompensar pelo progresso alcançado. É sobre recesso e férias, mas a verdade é que nenhuma dessas liberdades é possível a não ser que usemos a disciplina e o domínio próprio. O uso de uma quantidade generosa de disciplina e domínio próprio é o que torna possível uma vida de celebração. Eu estaria cometendo uma injustiça com você se lhe desse a ideia de que não pode fazer nada além de festejar e celebrar. Na verdade, mesmo que pudéssemos fazer isso, não desfrutaríamos, porque Deus nos criou com uma necessidade de equilíbrio. Realmente precisamos da disciplina tanto quanto da festa. Poderíamos até dizer que é a disciplina que nos dá direito de festejar.

O uso de uma quantidade generosa de disciplina e domínio próprio é o que torna possível uma vida de celebração.

Você deve se lembrar de que eu queria comer o biscoito depois de quatro sessões de minha conferência e antes da última. Eu tinha estudado, orado, trabalhado e me disciplinado, e precisava de uma recompensa. Gosto de comer o meu biscoito ocasionalmente, mas me disciplino em uma dieta rigorosa e ginástica três vezes por semana. Gosto de comprar sapatos, mas me disciplino para dar sapatos para outras pessoas e também para poder ser capaz de pagar pelos meus sapatos novos. Eu não os coloco no cartão de crédito sem ter ideia de como vou pagar por eles quando chegar a conta.

A esta altura, você deve estar pensando que gostou mais dos primeiros capítulos deste livro do que deste, mas seja corajoso e continue lendo. Se você desistir agora sem aprender a importância da disciplina, nunca será capaz de realmente desfrutar das outras liberdades que mencionei.

Disciplinas Interiores

Em seu maravilhoso livro intitulado *Celebração da Disciplina*, Richard J. Foster nos ensina sobre a importância das disciplinas interiores, que são na verdade disciplinas espirituais. Quero falar sobre elas porque sem disciplina interior jamais teremos disciplina exterior. Por exemplo, se não me disciplinar para estudar a Palavra de Deus e orar, provavelmente jamais terei sabedoria com as minhas palavras. Não entenderei a importância ou o poder das minhas palavras se não conhecer a Palavra de Deus. Se não conhecemos a Deus, então como podemos conhecer qualquer coisa sobre o que é certo e errado, sábio ou tolo? Como podemos saber sem estudar que Ele é o caminho, a verdade e a vida (ver João 14:6)? Se não conhecemos os princípios da sabedoria de Deus, então é fácil viver com pressão financeira simplesmente porque somos controlados pelas emoções quando fazemos compras. Podemos passar a vida inteira sendo egoístas e egocêntricos e nunca sequer entender que essas coisas são a raiz e a causa da maioria dos nossos problemas.

Richard Foster disse: "A superficialidade é a maldição do nosso tempo. A doutrina da satisfação instantânea é, antes de tudo, um problema espiritual. A necessidade urgente hoje não é de um número maior de pessoas inteligentes, ou dotadas, mas de pessoas profundas".[1]

Jesus desafiou os Seus discípulos a irem para o lado mais fundo para descobrir o que eles realmente desejavam (ver Lucas 5:4).

Para viver a vida mais profunda, precisamos aprender a disciplinar nossos pensamentos, atitudes e emoções. Precisamos aprender as disciplinas da oração, da adoração, do estudo bíblico, da meditação, do jejum, do ofertar, do serviço, da submissão, da solidão, e muitas outras coisas. Viver uma vida rasa equivale a viver de acordo com os nossos próprios pensamentos, sentimentos e vontade. A Bíblia se refere a isto como *carnalidade*, ou viver segundo a carne. A vida profunda é desfrutada por uma pessoa que aprendeu a arte da disciplina. Essas pessoas aprendem a disciplinar a vida interior e a vida exterior também. À medida que me disciplinei para passar tempo com Deus diariamente em solidão, leitura e oração (conversa com Deus), recebi força de Deus para poder disciplinar minha vida exterior (mente, vontade e emoções).

A aplicação da disciplina me libertou para desfrutar uma vida onde não sou controlada por uma reviravolta emocional inesperada e indesejada devido a circunstâncias difíceis que apareceram sem ser convidadas. A disciplina me liberta da possibilidade de me enfurecer contra um hormônio inesperado que decidiu seguir na direção errada sem qualquer aviso. Não tenho mais de me curvar aos pensamentos, ideias e imaginações negativas que não estão de acordo com a Palavra de Deus. Mas eu não teria conhecido a Palavra de Deus se não tivesse me disciplinado para aprendê-la. Assim, podemos ver claramente que a disciplina da vida espiritual interior é a porta para disciplinar as outras áreas da nossa vida.

As disciplinas espirituais destinam-se a seres humanos comuns e não apenas aos gigantes espirituais ou aqueles que têm algum tipo de posição ministerial. Elas são para mães e pais que vão trabalhar, limpam a casa, cortam a grama, fazem compras, e fazem o melhor para criar seus filhos. Elas são para meninos e meninas, adolescentes, jovens solteiros, e solteiros não tão jovens. Não se engane pensando que você não pertence à elite chamada para uma vida espiritual profunda. Cristo quebrou todas as muralhas de divisão e somos todos iguais Nele. Todos temos a mesma responsabilidade e os mesmos privilégios. Se pensar que esta vida mais profunda não é para você, não tentará atingi-la e isso seria realmente trágico.

Você não precisa de nenhum treinamento especial para ser profundamente espiritual, a não ser ter fome por mais de Deus em sua vida. Deve haver um anseio em sua alma por uma experiência genuína com Deus. Sem esse anseio, você sempre estará satisfeito com falsificações e visões imaginárias. Pode pensar que um momento agradável ocasionalmente é o melhor que consegue ter, mas na verdade você pode ter uma alegria que não pode ser explicada. Tornar-se profundamente espiritual não significa que você deve andar todo de preto, tirar o sorriso do rosto e manter um olhar intenso o tempo todo. As pessoas profundamente espirituais são as pessoas mais felizes e cheias de paz desta terra.

As pessoas legalistas e rígidas são infelizes, mas quando a disciplina é praticada sob a liderança do Espírito Santo, ela é uma das ferramentas mais lindas que Deus deu ao homem. E o resultado dessa disciplina é graça, flexibilidade, paz e alegria.

É possível ser excessivamente disciplinado, como eu fui um dia. Richard J. Foster disse "As disciplinas espirituais visam ao nosso bem. Elas têm por finalidade trazer a abundância de Deus para nossa vida. É possível, contudo, torná-las em outro conjunto de leis que matam a alma. As disciplinas dominadas pela lei respiram morte". [2]

Podemos nos tornar zelosos na nossa busca por disciplinas espirituais e simplesmente transformá-las em regras externas que nunca transformam o coração. Os fariseus eram os homens mais disciplinados do seu tempo, e, no entanto, tinham um rosto triste, eram rígidos e críticos. Eles diziam a todos o que fazer porque sabiam o que era certo, mas pessoalmente não tinham nenhuma ternura espiritual. Nunca levantavam o dedo para ajudar ninguém! As verdadeiras disciplinas espirituais devem nos tornar mais semelhantes a Jesus, que é humilde, manso e suave, mas ao mesmo tempo é poderoso, forte e um guerreiro vitorioso. Jesus sempre mantém o equilíbrio perfeito em tudo.

As disciplinas não se destinam a manipular e controlar você. Elas se destinam a mantê-lo no caminho estreito que leva à vida (ver Mateus 7:13-14). Você pode ser profundamente espiritual e tremendamente disciplinado, e, no entanto, celebrar cada dia que Deus lhe dá na terra. Você pode ser profundamente espiritual e rir quatrocentas vezes por dia como fazem as criancinhas.

Discipline-se

Uma das coisas mais irritantes do mundo, a meu ver, é uma pessoa que é extremamente disciplinada em uma área da vida, e que tenta me impor a sua disciplina. Precisamos tomar cuidado para não tentar fazer com que todos façam o mesmo que nós. Ainda que fosse bom para elas, isso é um assunto entre elas e Deus. É melhor orar pelas pessoas (humildemente) e não dar conselhos – a não ser que elas peçam ou fique evidente que Deus está abrindo a porta para darmos uma sugestão. Tive de me lembrar que Deus me deu domínio *próprio*, e isto significa que devo controlar a mim mesma, e não aos outros. Preciso me disciplinar antes mesmo de pensar em tentar ajudar a quem quer que seja.

Quando desenvolvemos uma disciplina em uma área específica, geralmente tentamos convencer outras pessoas de que elas precisam se disciplinar do mesmo jeito que nós. Algumas pessoas que não tomam café tentam me fazer sentir culpada quando tomo café, mas elas estão perdendo o tempo delas. Já abri mão do café e não me senti nem um pouco diferente do que me sinto quando tomo. Também já conversei com o Senhor sobre isto e verifiquei com uma nutricionista que me garantiu que a cafeína, se tomada com moderação, não é má para mim. Só porque Deus levou alguém a não tomar cafeína não significa que Ele esteja me direcionando pelo mesmo caminho. Meu marido tentou me convencer a me exercitar durante anos, mas não surtiu efeito algum, até que Deus me disse para fazê-lo. No meu dia de biscoito, detesto estar na companhia de uma *daquelas pessoas* que nunca comem açúcar – não quero sentir o pensamento delas nem ver o seu olhar de reprovação para o que elas supõem ser uma falta de disciplina da minha parte.

Durante muitos anos, tive o mau hábito de tentar dizer aos outros o que fazer nas áreas em que eu tinha êxito, mas finalmente aprendi que Deus me disse para me disciplinar, e não para disciplinar todo mundo. Creio que costumamos perder as nossas próprias vitórias por tentar dar conselhos aos outros. Tome cuidado quando pensa que esta de pé, para que você não caia (ver 1 Coríntios 10:12). Tentar dizer aos outros o que fazer em geral é sinal de orgulho e sempre acaba abrindo a porta para a queda. Um dos segredos do sucesso é guardar o seu sucesso para você. Quando estou tentando perder alguns quilos, geralmente não consigo manter o meu plano de pé se começar a contar a todo mundo o que estou fazendo. No entanto, se eu mantiver o assunto entre eu e Deus, Ele me fortalece e me dá êxito.

Durante muitos anos, tive o mau hábito de tentar dizer aos outros o que fazer nas áreas em que eu tinha êxito, mas finalmente aprendi que Deus me disse para me disciplinar, e não para disciplinar todo mundo.

Há um tempo para compartilhar as coisas, mas também há um tempo para ficar calado. Você tem um espírito de disciplina e domínio próprio, e ele pode ser o seu melhor amigo se você souber usá-lo adequadamente. Ele o ajudará a ser profundamente espiritual e vitorioso em todas as áreas da vida. Devemos definitivamente celebrar a disciplina.

Algumas Diretrizes Práticas

Se há muitas áreas em sua vida que você percebe que precisam de disciplina, não tente corrigir todas de uma vez. "Uma coisa de cada vez" geralmente é a melhor política. Ore, pedindo a Deus que lhe dê direção quanto à área a ser tratada primeiro, e quando você acreditar que tem um alvo adequado, faça um plano realista para conquistá-lo. Observe que eu disse ore primeiro e depois planeje. Não faça o seu próprio plano e depois diga a Deus que Ele tem de fazê-lo funcionar. Também quero que você note que eu disse faça um plano *realista*.

Se você precisa limpar o porão e a garagem, não planeje limpar os dois em um dia. Talvez seja melhor você estabelecer um plano de duas semanas. É sempre melhor atingir o seu alvo mais cedo do que ter expectativas inatingíveis, ficar desanimado, e acabar nunca realizando o seu objetivo. Talvez você devesse dedicar uma ou duas horas por dia a esse projeto até concluí-lo. Quando atingir o objetivo, você pode excluí-lo da sua lista, olhar para o resultado concluído com alegria, e comer um biscoito!

Talvez você precise perder 20 quilos e quer que eles desapareçam dois meses antes do verão começar porque quer usar um maiô. Isso provavelmente não acontecerá! Se este é o seu objetivo, ele não vai durar muito, porque você será derrotada por um alvo irrealista. Talvez você devesse dizer "No ano que vem, a esta altura, terei perdido 20 quilos. Vou ficar ótima no meu maiô, e vou estar me exercitando regularmente". Este é o objetivo de longo prazo, e você pode estabelecer objetivos de curto prazo que o ajudem a atingi-lo.

Talvez o seu alvo devesse ser perder de 2 a 3 quilos por mês. Sei que não parece muito, mas geralmente o peso perdido lentamente e de forma adequada tem menos probabilidade de retornar do que o peso que se perde através de alguma dieta da moda pouco saudável. Quanto mais você estiver acima do peso, mais rápido você perderá peso, portanto este alvo deve ser individual, mas deve ser realista.

Você sempre terá alguma coisa na vida que estará trabalhando para conquistar. Você nunca conseguirá excluir tudo da sua lista. Portanto, dedique-se a ela e aproveite a jornada. Lembro-me de quando eu ficava muito decepcionada comigo mesma se o meu dia terminasse antes que eu conseguisse executar tudo que havia planejado. Parecia que eu estava sempre insatisfeita com o meu progresso, até que finalmente percebi que, independente do quanto eu tivesse feito, sempre apareceriam coisas novas para fazer. Posso excluir uma coisa da minha lista, mas outra é acrescentada, por isso, com a ajuda de Deus, finalmente aprendi a fazer o meu melhor a cada dia e a me levantar na manhã seguinte e começar de novo (com uma boa disposição).

Você sempre terá alguma coisa na vida que estará trabalhando
para conquistar. Você nunca conseguirá excluir tudo da sua lista.
Portanto, dedique-se a ela e aproveite a jornada.

À medida que tentamos atingir os nossos objetivos, teremos
momentos de sucesso e também teremos momentos em que sentiremos que fracassamos. Mas a verdade é que nunca fracassamos a não
ser que desistamos. Adoro a teoria de John Maxwell de que podemos fracassar para a frente.[3] Em outras palavras, podemos aprender
com os nossos erros e continuar avançando. Se você está fazendo
dieta e de repente no décimo dia tem uma crise emocional e come
tudo que vê pela frente, isso não significa que você deve desistir
e continuar a comendo em excesso todos os dias. Veja o dia em
que comeu de tudo como um revés momentâneo em um plano de
longo alcance, levante-se no dia seguinte, e continue segundo na
direção certa. O fato de ter estragado tudo por um dia não precisa
arruinar todo o seu plano, se você não permitir.

Se você está tentando sair das dívidas e tem realmente se disciplinado e cortado as despesas desnecessárias, e depois você realmente manda tudo às favas e compra alguma coisa que não deveria ter
comprado, não desista. Talvez você consiga devolver o objeto, mas se
não puder, aprenda uma boa lição e continue prosseguindo. Até uma
tartaruga acabará chegando ao lugar para onde está indo!

Creio que o meu melhor conselho prático é entender que a
nossa vida não fica fora de ordem em um único dia, e tampouco
entra nos eixos de novo em um único dia. Se quisermos ter êxito,
precisamos entender que ele não virá depressa nem será mantido
sem esforço. Costumamos ser indisciplinados por bastante tempo
em uma área antes que ela comece a incomodar, e uma vez que
decidimos fazer o que é certo, levará tempo para começarmos a
ver os resultados. Comprometa-se com um estilo de vida de disci-

plina e domínio próprio. Não tenha uma atitude do tipo "Quero perder esse peso extra depressa para poder comer tudo que quiser novamente". Se esta é a sua atitude, você viverá em uma montanha russa de altos e baixos a vida inteira. Tome a decisão de viver uma vida disciplinada e controlada, mas que ao longo do caminho lhe permitirá uma pausa ocasional para comer o biscoito e comprar os sapatos, ou seja lá o que for que você goste de fazer.

E por último, mas nem por isso menos importante, quero sugerir que além de planejar suas disciplinas para o seu dia, você também planeje algo de que gosta. Tire um tempo de folga! Faça aquele café com leite e desfrute-o, dê uma caminhada no parque; se você vai fazer desse dia um dia para comer um biscoito, aprecie cada mordida. Descobri que não me disciplino sem um plano, e que é mais provável que eu faça coisas de que gosto se eu planejá-las também.

Tire um tempo de folga! Faça aquele café com leite e desfrute-o, dê uma caminhada no parque; se você vai fazer desse dia um dia para comer um biscoito, aprecie cada mordida.

Deus nos deu espírito de disciplina e domínio próprio e tudo que precisamos fazer é exercitá-lo. Por falar nisso... quanto mais você se disciplinar, mais fácil será!

Discipline-se Para Celebrar

O tema deste livro foi aprender a celebrar e a nos recompensar pelo progresso feito. Foi sobre se permitir relaxar e não ser tão inflexível. Quero que você celebre a vida e a desfrute imensamente, porque creio que esta é a vontade de Deus. A vida costuma ser desafiadora e podemos facilmente ficar emaranhados em todos os seus problemas, portanto, precisaremos realmente nos disciplinar para manter vivo o tema da celebração. Todos nós temos de lidar com problemas que surgem e pessoas que nos frustram e/ou decepcionam. Não há como estar vivo e evitar isso, mas se acrescentarmos porções generosas de celebração às nossas vidas, descobriremos que não nos sentiremos tão sobrecarregados pelas partes desagradáveis. Lembre-se que Jesus disse que devemos ir até ele quando nos sentirmos sobrecarregados e cansados e Ele daria descanso para as nossas almas (ver Mateus 11:28-29).

Quero enfatizar outra vez que quando você planejar o seu dia, certifique-se de deixar espaço para alguma coisa de que você goste. Se não está acostumado a fazer isso, e a maioria de vocês provavelmente não está, será necessário ter disciplina. Posso quase garantir que inicialmente você se sentirá culpado simplesmente porque nós nos sentimos mais aceitáveis quando estamos trabalhando e realizando alguma coisa. Fiz uma pesquisa em uma sala cheia de pessoas ontem e perguntei se elas se sentiam melhor consigo mesmas quando estavam trabalhando ou relaxando. Todas elas disseram que se sentiam mais aceitáveis quando estavam trabalhando. Todas por acaso eram jovens mães que confessaram que se sentiam culpadas quando estavam relaxando se ainda restasse algum trabalho a ser feito. Por que nós nos sentimos assim? Creio que a resposta correta compreende várias partes. Primeiro, fomos criados por Deus para sermos responsáveis e esta é uma característica boa e necessária. Entretanto, se permitirmos que a coisa boa vá longe demais, ela se torna uma coisa má, e acabamos nos tornando excessivamente responsáveis a ponto de não conseguirmos mais relaxar. Podemos facilmente adotar um falso senso de responsabilidade segundo o qual nos sentimos responsáveis por fazer mais do que o razoável. Podemos nos juntar à sociedade acelerada que nos cerca e que sustenta o negócio multibilionário do estresse, ou podemos nos disciplinar para incluir na nossa rotina celebração regular e recompensas pelo progresso alcançado. O fato de que toda a nossa sociedade parece ser impelida à conquista e adora o sucesso profissional, passa a ser outra parte do motivo pelo qual a maioria das pessoas se sente culpada se não estiver realizando alguma coisa o tempo todo.

Conheci jovens mães que acham que não são o que deveriam ser se não conseguirem fazer malabarismo entre o casamento, a criação dos filhos, os cuidados com a casa e uma carreira. Lembro-me quando não era comum uma mãe trabalhar fora de casa, e agora parece ser raro ocorrer o contrário. O que cada família decide fazer é escolha dela, mas uma coisa é certa: nenhuma mãe deve se sentir diminuída por decidir se dedicar inteiramente à sua família e fazer dessa a sua carreira. Uma coisa que não temos de fazer é nos forçarmos a ser como as outras pessoas. Jesus nos libertou completamente da tirania da comparação e da competição, e nós podemos e devemos celebrar o fato de que somos seres exclusivos (ver 2 Coríntios 10:12).

Fazendo Ajustes Constantes

À medida que acrescentar a celebração à sua vida, você poderá descobrir que às vezes vai longe demais e precisa fazer alguns ajustes. Um dos motivos pelos quais eu tive tantos problemas em não trabalhar o tempo todo é porque por alguma razão eu tinha medo de ficar preguiçosa se relaxasse. Minha família ria de mim quando eu dizia isso a eles, mas é verdade. Sei que é fácil ir longe demais em qualquer coisa, e só quero garantir que permanecerei equilibrada. Aprendi a confiar em Deus em meio a tudo isso, e a simplesmente seguir a direção do Espírito Santo. Trabalho muito, mas descanso. E quando já descansei e celebrei o suficiente, volto ao trabalho.

Há pessoas que não gostam de trabalhar; elas não têm dificuldades em festejar e brincar o tempo todo, mas isso não é celebrar de verdade, porque elas não estão fazendo nada para ser celebrado. Celebrar nada não é celebração de verdade! Essas pessoas são preguiçosas e indisciplinadas, e frequentemente o temperamento natural delas tende para a brincadeira, mas elas nunca aprenderam sobre a disciplina e a recompensa do trabalho árduo. Creio que todos nós ficaremos desequilibrados de algum modo se não fizermos ajustes constantes.

Sou naturalmente mais inclinada ao trabalho, à realização e à responsabilidade; por isso tive de aprender a me disciplinar para descansar, para celebrar, e para tirar tempo para me recompensar pelo progresso alcançado. Não foi uma lição fácil para mim, porque as outras características estavam profundamente impregnadas e haviam se tornado aquilo que sou. Eu não era um *ser* humano – havia me tornado um *fazer* humano. Também conheço pessoas que se esforçaram tanto quanto eu tentando superar a tendência de brincar demais. Eram pessoas indisciplinadas que achavam difícil lidar com o trabalho e a responsabilidade. Eram especialistas em procrastinação e negação, mas pediram a ajuda de Deus e usaram os princípios da disciplina para vencerem o excesso nessas áreas, assim como eu. O ponto principal é que todos nós temos de nos disciplinar; do contrário, nossas vidas ficarão desequilibradas.

Descobri que raramente tomo a decisão de corrigir alguma coisa sem eventualmente precisar fazer mais alguns ajustes. É provável que eu tenha sempre de insistir nesta liberdade de não trabalhar o tempo todo e tirar tempo para celebrar. Creio que algumas pessoas sempre terão de se disciplinar para não brincarem demais e para fazerem o trabalho que precisa ser feito. Estou sempre fazendo ajustes e descobri que a maioria das pessoas equilibradas faz o mesmo. Na nossa sociedade, é extremamente fácil perder o equilíbrio. Vivemos em uma sociedade impelida à realização na qual o esforço é aplaudido, mas também vivemos em uma sociedade viciada no entretenimento, de modo que devemos sempre nos exercitar para encontrar o equilíbrio correto entre estes dois extremos.

Devemos sempre nos exercitar para encontrar o equilíbrio correto entre estes dois extremos.

Observo regularmente se perdi o equilíbrio em alguma área da minha vida, e se preciso fazer algum ajuste. Esforço-me muito para manter bons hábitos alimentares, mas várias vezes ao ano começo a comer demais alguma coisa (geralmente biscoitos) e preciso ter uma reunião comigo mesma e estabelecer novos alvos outra vez! Houve uma época em que eu me senti um fracasso quando isso aconteceu, mas aprendi que posso "fracassar para a frente". Posso simplesmente perceber que estou desequilibrada e começar a fazer a coisa certa de novo. Seria melhor se eu nunca saísse da linha, mas sou humana e não terei o controle perfeito em todas as áreas todos os dias de minha vida. Deus nos deu espírito de disciplina e domínio próprio para podermos voltar aos eixos quando percebemos que nos desviamos. Ele também nos dá o Seu Espírito para nos conscientizar desses momentos e para nos ajudar a fazer os ajustes necessários. Você está vivendo uma vida de auto-derrota se sente-se culpado cada vez que percebe que precisar mudar algo. Como disse anteriormente neste livro, podemos e devemos celebrar o fato de que somos convencidos pelo Espírito Santo sobre as áreas da nossa vida que precisam mudar. Podemos celebrar o fato de termos a capacidade de permanecer equilibrados fazendo ajustes regulares no nosso estilo de vida.

Podemos ter uma visão negativa e lamentarmos o fato de termos de mudar, ou podemos celebrar o fato de podermos mudar com a ajuda de Deus. Isto são boas novas! Adoro boas notícias – elas são como água para uma alma sedenta (ver Provérbios 25:25). Continuaremos mudando a vida inteira. Se não precisarmos mudar mais, isso significa que estamos mortos. A vida tem a ver com progresso e progresso tem a ver com mudança, portanto, se você não gosta de mudanças, terá de vencer isso.

Encarando a Verdade

A verdade é algo que precisamos celebrar, porque não podemos mudar nada até encararmos a verdade sobre o estado em que estamos. E esta geralmente é a parte mais difícil. Tampouco podemos mudar até pararmos de nos sentir culpados pelo estado em que estamos agora. O processo de convicção, de encararmos a verdade e de nos disciplinarmos para mudar funciona mais ou menos assim:

Estou comendo demais, mas não quero encarar isso, então fico dando desculpas. Digo coisas do tipo: "Não como tanto quanto a maioria das pessoas que conheço", ou "Quanto mais envelheço, mais lento fica o meu metabolismo", ou "A máquina de lavar deve ter feito minhas calças encolherem". Este ano, quando tirei minhas calças de verão do armário, notei que todas elas estavam mais apertadas. Como eu precisei apertar todas elas no ano retrasado, estava certa de que a costureira devia tê-las apertado demais e eu não havia percebido isso no ano passado. O ponto onde quero chegar é que as nossas desculpas são intermináveis. Na verdade, elas são razões recheadas com mentiras. A próxima fase para mim é encarar a verdade de que estou comendo demais. Se você chega a este ponto, pode até dizer isto em voz alta ou confessar a uma amiga: "Tenho comido demais e foi por isso que ganhei peso". A verdade vai libertar você.

No meu caso, descobri que escrever *tudo* que comi por duas semanas me ajuda a voltar aos eixos. Em primeiro lugar, minha tendência é não comer demais se tiver de escrever tudo e olhar para a minha lista. Em segundo lugar, começo a perceber o quanto tenho exagerado quando começo a dizer não às coisas só para não ter que anotá-las.

A partir do momento que encaro a verdade e entendo plenamente o que eu estava fazendo e qual foi a causa do meu problema, não é tão difícil corrigi-lo. Costumo sentir um pouco de fome por cerca de três dias, mas posso até evitar isso beliscando cenouras e aipo. Não demora muito, e estou de volta ao meu peso normal, sinto-me bem com o caimento de minhas roupas, e me sinto bem porque estou me disciplinando. Então, posso ter os meus dias de celebração (dias de biscoito) sem ser atormentada pelo sentimento de que estou fazendo a coisa errada. Acabo de passar por um desses tempos de ajuste enquanto escrevo este livro, e estou celebrando o fato de poder ver a verdade, receber convicção, e com a ajuda de Deus fazer as mudanças que preciso fazer. Jesus veio para trazer boas novas e parte dessas boas novas é que podemos encontrar uma forma de celebrar todas as coisas, se procurarmos por ela.

Recuse-se a Viver se Lamentando

Parte da arte de nos disciplinarmos para celebrar a vida é nos recusarmos a viver nos lamentando. Há um tempo para se lamentar, mas não devemos deixar que ele se torne um modo de vida. A Bíblia diz que o choro (o lamento) pode persistir uma noite, mas de manhã irrompe a alegria (ver Salmo 30:5). Há coisas que acontecem na vida que precisam ser lamentadas, e isso é justo, mas a alegria sempre volta para equilibrar as coisas. Precisamos deixar que a alegria volte às nossas vidas depois de tempos de tristeza – sem nos sentirmos culpados por desfrutarmos a vida depois que a decepção ou até mesmo a tragédia nos atingiu. Há um tempo para chorar e um tempo para se alegrar, mas não devemos viver em eterno estado de lamentação.

Parte da vida é lidar adequadamente com a tristeza e a decepção. Não podemos evitá-las – e não devemos negar as emoções geradas por qualquer tipo de perda – mas *podemos* nos recuperar! Fiquei entristecida quando soube que um empregado de confiança havia nos roubado, mas me alegrei por Deus ter trazido aquele ato à luz e por ele ter sido descoberto. Passo por um tempo de lamentação quando alguém a quem amo morre, mas também posso me alegrar porque essa pessoa conhecia Jesus e está passando para a eternidade com Ele. Fico triste quando percebo que deixei alguma área da minha vida se desequilibrar pela falta de disciplina, mas posso me alegrar porque agora vejo a verdade e estou de volta aos eixos. Para toda lamentação existe um motivo de celebração como contrapartida, e embora a lamentação seja adequada e inclusive faça parte do nosso processo de cura, ela não pode durar para sempre. Não podemos viver nos lamentando eternamente por coisas que aconteceram e que não podemos mudar. Em Cristo há sempre lugar para novos começos, e esta é uma boa notícia digna de celebração.

Em Cristo há sempre lugar para novos começos, e esta é uma boa notícia digna de celebração.

Prolongamos as nossas tragédias quando continuamos a nos lamentar por elas muito depois que terminaram. Podemos facilmente cometer o erro de lamentar o que perdemos em vez de contar o que ainda temos e seguir em frente. Perdi minha infância e minha inocência através do abuso, e realmente foi trágico. Embora eu tenha saído da situação de abuso aos dezoito anos, continuei a lamentar e a viver uma vida pesarosa e amarga durante aproximadamente mais trinta anos. Somente depois que aprendi através do Espírito Santo os princípios que estou compartilhando com você neste livro, foi que entendi a importância de nos recusarmos a nos lamentar por mais tempo. Foi uma decisão que tive de tomar baseada na promessa de Deus de uma nova vida disponível para mim em Jesus.

Vemos este princípio lindamente evidenciado no livro de Ester. O povo judeu estava sendo oprimido e ameaçado de extinção, mas Deus os libertou. Assim que a libertação foi garantida, eles foram instruídos a não se lamentarem mais, mas a declararem um feriado durante o qual descansariam, festejariam e se alegrariam, e também enviariam presentes aos pobres. Eles também foram instruídos a guardar esse feriado todos os anos para que pudessem se lembrar do tempo em que obtiveram descanso dos seus inimigos, e do mês em que a tristeza e o lamento deles se transformou em alegria (Et 9:18-22).

Eles não apenas foram libertos fisicamente, como também optaram por não continuar pensando e falando sobre a tragédia passada. Tive de fazer o mesmo para ser totalmente livre. Deixei de sofrer abuso aos dezoito anos, mas continuei com ele em minha alma por mais trinta anos. Minha alma precisava de férias, mas eu nem sequer sabia que isso era possível. Graças a Deus pela revelação e pela verdade que nos liberta. Quando sabemos isto, podemos nos disciplinar para agir de acordo e desfrutar dos benefícios de conhecermos e servirmos a Deus. Deus diz que devemos nos alegrar e celebrar e devemos nos disciplinar para fazê-lo.

Oro para que, à medida que compartilho estas coisas com você, elas o ajudem a evitar desperdiçar anos da sua vida se lamentando como eu fiz. Espero que você possa se beneficiar delas em uma idade menos avançada que eu, mas seja qual for a sua idade, alegre-se por ver a luz agora e por poder começar a celebrar hoje. Mesmo que você não "sinta" vontade de celebrar, você pode se disciplinar para fazê-lo, e os seus sentimentos finalmente acompanharão a sua decisão.

Não Posso Comemorar... O Meu Problema Ainda Existe!

Talvez o seu problema ainda exista e você ainda não tenha sido liberto como Ester e seu povo foram. Você pode estar pensando que não pode comemorar porque não há nada para celebrar ainda, mas você pode começar pela fé porque a sua esperança está em Deus.

O salmista Davi nos dá um bom exemplo dessa postura nos Salmos. Ele falou à sua própria alma e perguntou a ela por que estava se lamentando por causa dos inimigos e por que estava abatida. Então ele instruiu sua própria alma a colocar a sua esperança em Deus e aguardar com esperança Nele, que era o seu auxílio (Sl 42:9-11). A versão *Amplified* diz que Davi disse que Deus era "o auxílio do seu semblante". O nosso semblante é a aparência que temos no rosto, o que significa que Davi estava na verdade dizendo que Deus poderia ajudá-lo a sorrir mesmo em meio à situação desagradável. Descobri que falar comigo mesma (com minha alma) costuma ser muito útil. Não podemos permitir que as nossas emoções controlem as nossas atitudes. Se fizermos isso, estamos permitindo que o diabo e a nossa carne nos controlem, em vez de sermos controlados pelo Espírito Santo. Davi percebeu que estava triste, deprimido e abatido, e então disse a si mesmo (à sua alma) para sorrir e ter esperança em Deus.

Se você conhece o poder da esperança e da fé, não precisa esperar que as circunstâncias ao seu redor mudem para começar a celebrar. Enquanto escrevo este livro, estamos aguardando o resultado de um exame médico de um membro da nossa família que poderia representar um problema grave caso não dê negativo. Confiamos em Deus e continuamos nos alegrando Nele porque não faz sentido agir de qualquer outra forma. A nossa vida inteira está cheia de altos e baixos, mas não temos de subir e descer junto com eles. Podemos permanecer estáveis em Deus! Deus está sorrindo para nós e podemos sorrir de volta para Ele! Se Deus está assentado nos céus e ri de Seus inimigos, certamente podemos sorrir também (ver Salmos 2:4; 37:13).

Se você conhece o poder da esperança e da fé, não precisa esperar que as circunstâncias ao seu redor mudem para começar a celebrar.

Boas Novas!

Richard J. Foster nos lembra em seu livro que a celebração está no centro do coração de Deus. Jesus entrou no mundo com um aviso de celebração: "Estou lhes trazendo boas novas de grande alegria", clamou o anjo (Lc 2:10). Jesus também partiu deste mundo deixando como legado a Sua paz e alegria para os discípulos. "Deixo-lhes a paz, a minha paz lhes dou" (Jo 14:27). "Tenho lhes dito estas palavras para que a minha alegria esteja em vocês e a alegria de vocês seja completa" (Jo 15:11).

Jesus começou o Seu ministério público proclamando o ano do Jubileu. Ele queria que as pessoas entendessem que um jubileu (celebração) perpétuo estava disponível a partir daquele momento. Os cativos foram libertos, as dividas foram canceladas, os cegos receberam visão, os oprimidos foram libertos, e os pobres receberam as boas novas (ver Lucas 4:18-19). Jesus queria que as pessoas soubessem que não precisavam mais se preocupar e ficar ansiosas. Elas podiam confiar Nele para cuidar delas e isso constituía a base da celebração. O fardo de ter de consertar tudo que não estava certo na vida já não pertencia mais a elas. Elas podiam viver sem medo! Elas podiam lançar os seus cuidados sobre Ele e viver em celebração.

"A celebração é o centro de todas as Disciplinas Espirituais. Sem um espírito alegre de festividade, as disciplinas se tornam ferramentas maçantes nas mãos dos fariseus modernos, ferramentas que geram morte. Todo discípulo deve se caracterizar por uma satisfação despreocupada e por uma sensação de gratidão", diz Richard Foster. [1] É vital nos disciplinarmos para celebrar; do contrário, não conseguiremos manter nenhuma das outras disciplinas que são necessárias para ter êxito na vida.

A mídia atual enche o mundo de más notícias. Ela relata cada tragédia, assassinato e roubo. Ela transmite e retransmite notícias sobre políticos e outros líderes que são desonestos e imorais. Não há nada de edificante nas notícias do noticiário noturno, seja na televisão ou nos jornais, mas tenho um livro em meu colo neste instante que está cheio de boas notícias! É a Bíblia, e este é o livro no qual baseio a minha vida. Jesus veio para trazer boas notícias! Ele pregou boas notícias! O mundo em que vivemos e as nossas vidas não estão sem esperança porque Jesus está vivo! Ele é a luz em meio às trevas e a esperança para os que não têm esperança alguma.

Existem coisas boas acontecendo em todo o mundo, mas a mídia raramente as relata. Por exemplo, acabamos de receber o resultado do exame daquele membro de nossa família e os resultados deram todos negativos. A notícia foi boa! Todos nós devemos contar e recontar cada boa notícia que ouvimos. Devemos lutar contra o espírito de tristeza, depressão e medo que domina o mundo com um espírito genuíno de celebração pelo que Deus fez por nós e pelo que Ele está fazendo a cada dia de nossas vidas. Decidi remar contra a maré, contra a corrente negativa em nossa sociedade. Vamos ficar no caminho estreito que conduz à vida, juntos, e evitar o caminho largo que leva à destruição.

Vamos nos unir ao apóstolo Paulo em sua declaração de celebrar a vida independente do que estivesse acontecendo ao seu redor: "Todavia, não me importo, nem considero a minha vida de valor algum para mim mesmo, se tão somente puder terminar a corrida e completar o ministério que o Senhor Jesus me confiou, de testemunhar o evangelho (*as boas novas*) da graça de Deus" (Atos 20:24, acréscimo e ênfase da autora).

★

Às vezes, quando chegamos ao final de um livro, recebemos tanta informação que podemos nos esquecer dos pontos principais que o autor estava tentando enfatizar. Não quero que isso aconteça com este livro, por isso, gostaria de relembrar a você alguns pontos:

1. Coma o biscoito... compre os sapatos! O biscoito é apenas o símbolo de um princípio que estou compartilhando. Faça alguma coisa que você goste e aprecie, e não se sinta culpado por isso. Não permita que as pessoas desequilibradas e viciadas em trabalho que o cercam façam você se sentir culpado também.

2. Se você não sabe do que gosta porque não reservou tempo para desfrutar de muita coisa em sua vida, comece a experimentar e descobrir. Você pode até precisar desenvolver alguns interesses, mas seja o que for que precise fazer, faça-o e recuse-se a viver sem celebração.

3. Recompense a si mesmo pelo progresso alcançado e pare de se punir por tudo que encara como um erro ou um fracasso. Lembre-se que você nunca fracassa realmente se continuar avançando e que Deus está pronto para perdoar os seus erros, falhas e pecados se você simplesmente pedir isso a Ele.

4. Aprenda a relaxar! Não encare os problemas e desafios da vida de uma forma tão inflexível. É improvável que todos eles desapareçam um dia, por isso precisamos aprender a conviver com eles alegremente.

5. Celebre a disciplina porque ela é sua amiga e não sua inimiga.

6. Discipline-se para celebrar, porque Deus gosta de festas!

7. Celebre você, porque você merece!

8. Celebre Jesus, porque Ele é o maior e mais maravilhoso presente que temos.

Bem, este livro está terminado e eu vou celebrar! Alguns amigos vêm nos visitar e eu disse a eles para trazerem o meu biscoito! Se você está imaginando como será esse biscoito, ele se chama "double-doozie" e consiste em dois biscoitos redondos com raspas de chocolate com recheio gelado no meio (você devia experimentar um!). Eu realmente me disciplino para comer apenas a metade de um destes biscoitos, porque da última vez em que comi um inteiro, fiquei enjoada. Mas terminar de escrever um livro inteiro merece mais do que meio biscoito, por isso vou sair para jantar com algumas pessoas da minha família e rir o máximo que puder. Depois do jantar, vou assistir a um bom filme. Ontem comemorei o fato de quase ter terminado o livro levando minhas duas maravilhosas noras para fazer compras. Estou decidida a encontrar alguma coisa para celebrar todos os dias de minha vida e convido você a se unir a mim nesta busca.

NOTAS

11. Dê Férias à Sua Alma

1. Vine, W. E., *Vine's Expository Dictionary of New Testament Words: A Comprehensive Dictionary of the Original Words with Their Precise Meanings for English Readers* (MacDonald Publishing, 1989).
2. Nee, Watchman, *Vida Cristã Equilibrada* (Editora dos Clássicos, São Paulo).

12. Prioridades

1. Tozer, A. W., *The Pursuit of God* (Christian Publications, New York, 1948), 101–102.

15. Celebre a Disciplina

1. Foster, Richard J., *Celebração da Disciplina* (Editora Vida, São Paulo, 2008).
2. Ibid., 9.
3. Maxwell, John C., *Failing Forward: Turning Mistakes into Stepping Stones for Success* (Thomas Nelson, Nashville, 2000).

16. Discipline-se Para Celebrar

1. Foster, Richard J., *Celebração da Disciplina* (Editora Vida, São Paulo, 2008).

Sobre a Autora

Joyce Meyer é uma das líderes no ensino prático da Bíblia no mundo. Renomada autora de *best-sellers* pelo *New York Times*, seus livros ajudaram milhões de pessoas a encontrarem esperança e restauração através de Jesus Cristo.

Através dos *Ministérios Joyce Meyer*, ela ensina sobre centenas de assuntos, é autora de mais de 80 livros e realiza aproximadamente quinze conferências por ano. Até hoje, mais de doze milhões de seus livros foram distribuídos mundialmente, e em 2007 mais de três milhões de cópias foram vendidas. Joyce também tem um programa de TV e de rádio, *Desfrutando a Vida Diária®*, o qual é transmitido mundialmente para uma audiência potencial de três bilhões de pessoas. Acesse seus programas a qualquer hora no site www.joycemeyer.com.br

Após ter sofrido abuso sexual quando criança e a dor de um primeiro casamento emocionalmente abusivo, Joyce descobriu a liberdade de viver vitoriosamente aplicando a Palavra de Deus à sua vida, e deseja ajudar outras pessoas a fazerem o mesmo. Desde sua batalha contra um câncer no seio até as lutas da vida diária, Joyce Meyer fala de forma aberta e prática sobre sua experiência, para que outros possam aplicar o que ela aprendeu às suas vidas.

Ao longo dos anos, Deus tem dado a Joyce muitas oportunidades de compartilhar seu testemunho e a mensagem de mudança de vida do Evangelho. De fato, a revista *Time* a selecionou como uma das mais influentes líderes evangélicas dos Estados Unidos. Sua vida é um incrível testemunho do dinâmico e restaurador trabalho de Jesus Cristo. Ela crê e ensina que, independente do passado da pessoa ou dos erros cometidos, Deus tem um lugar para ela, e pode ajudá-la em seus caminhos para desfrutar a vida diária.

Joyce tem um merecido PhD em teologia pela Universidade Life Christian em Tampa, Flórida; um honorário doutorado em divindade pela Universidade Oral Roberts em Tulsa, Oklahoma; e um honorário doutorado em teologia sacra pela Universidade Grand Canyon em Phoenix, Arizona. Joyce e seu marido, Dave, são casados há mais de quarenta anos e são pais de quatro filhos adultos. Dave e Joyce Meyer vivem atualmente em St. Louis, Missouri.